宮﨑あおい
世界をいただきます
［アジア・北中南米編］

Soul Food
Around the World

Introduction はじめに

宮﨑あおい

これまでお仕事やプライベートで世界中のいろいろな国を訪れてきましたが、数年前に料理をすること、食べることが大好きになってからは、「旅」もますます楽しくなりました。「1日3食しか食べられないのがもったいない！」と思うほど、現地での予定はすべて「食」に関することで埋まるようになりました。

食べ物と旅の思い出は深くつながっています。子どもの頃の家族旅行ではじめて出合って大好きになった香港の「腸粉」。点心がたくさん載ったワゴンで運ばれてきて、円卓でワクワクしながら食べたのは懐かしい思い出です。ニューヨークに短期留学していたとき、滞在先のご家庭で毎晩のように作ってもらった「生春巻き」。シャリシャリとしたシャーベット状のスープに衝撃を受けて、その後しばらく私の中でブームが続いた韓国の「冷麺」。どの料理もそれを食べるたびに、その当時の忘れられない光景がよみがえります。

この「世界をいただきます」では、世界各国のシェフと一緒にその国独自のさまざまな料理を作りました。初対面でも、言葉が通じなくても、「料理」という共通の好きなものがあるからこそ、すぐに通じ合えるし、楽しさを共有することができる。その国の味を学ぶと、さらに親しみが生まれます。食で世界を旅するような経験でした。

今回の［アジア・北中南米編］では、私が普段からよく食べている大好きな料理もたくさん教わりました。「はじめての料理」を教わるのも楽しいし、「なじみのある味」がどうしたら美味しく作れるのかを知るのも楽しい。その楽しさを、皆さんとも共有できますように。

Index

005　　　　　　　はじめに

世界のレシピ
アジア編

🇭🇰	010	Dish 01	香港｜腸粉
🇹🇭	014	Dish 02	タイ｜トムヤムクン
🇰🇷	018	Dish 03	韓国｜キンパ
🇨🇳	022	Dish 04	中国｜酸辣湯
🇻🇳	026	Dish 05	ベトナム｜鶏肉と香菜のフォー
🇨🇳	030	Dish 06	中国｜パイナップル入り酢豚
🇹🇭	034	Dish 07	タイ｜パッタイ
🇰🇷	038	Dish 08	韓国｜大根と白菜の水キムチ
🇲🇳	042	Dish 09	モンゴル｜ボーズ
🇲🇾	046	Dish 10	マレーシア｜ペーパーチキン
	050	Dish 11	ウイグル｜ゴシナン
🇳🇵	054	Dish 12	ネパール｜ツォエラ
🇱🇰	058	Dish 13	スリランカ｜スリランカカレー
🇮🇩	062	Dish 14	インドネシア｜ソトアヤム
🇮🇳	066	Dish 15	インド｜タンドリーチキン
🇨🇳	070	Dish 16	中国｜五目チャーハン

オセアニア

🇳🇿	074	Dish 17	ニュージーランド｜フィッシュ＆クマラチップス

世界のレシピ
北中南米編

🇺🇸	080	Dish 18	アメリカ｜クラムチャウダー
🇨🇦	084	Dish 19	カナダ｜エッグベネディクト
	088	Dish 20	ハワイ｜ポキ丼
🇲🇽	092	Dish 21	メキシコ｜チキンタコス＆アボカドディップ
🇨🇺	096	Dish 22	キューバ｜アヒ・レレーノ
🇵🇪	100	Dish 23	ペルー｜白身魚のセビチェ
🇧🇷	104	Dish 24	ブラジル｜ポンデケージョ
🇦🇷	108	Dish 25	アルゼンチン｜エンパナーダ
🇵🇾	112	Dish 26	パラグアイ｜牛肉のマリネーラ

｜Special	116		**清水港で鮨を握る**
●	124	Dish 27	シーチキンときゅうりの酢みそ和え、 あじの酢じめ添え
●	130	Dish 28	はごろも舞のお吸い物、えびのしんじょ入り
	132		望月榮次＋宮﨑あおい 料理と人生と
	135		**おわりに**

•本書で使用している計量カップは1カップ200ml、計量スプーンは大さじ15ml、小さじ5mlです。
•調理器具などは各メーカーの使用説明書をよくお読みのうえ、正しくお使いください。
•オーブンなどの温度や調理時間は目安です。様子を見て加減してください。

世界のレシピ
アジア編
Asia

香港｜腸粉
タイ｜トムヤムクン
韓国｜キンパ
中国｜酸辣湯
ベトナム｜鶏肉と香菜のフォー
中国｜パイナップル入り酢豚
タイ｜パッタイ
韓国｜大根と白菜の水キムチ
モンゴル｜ボーズ
マレーシア｜ペーパーチキン
ウイグル｜ゴシナン
ネパール｜ツォエラ
スリランカ｜スリランカカレー
インドネシア｜ソトアヤム
インド｜タンドリーチキン
中国｜五目チャーハン

｜オセアニア
ニュージーランド｜フィッシュ＆クマラチップス

Dish 01 ［アジア編］｜香港

腸粉

腸粉とは？
点心の一種で、半透明の皮にえびや焼き豚などの具を入れて蒸し、
甘辛いたれをかけて食べる香港の名物料理。

作り方 [所要時間｜約30分]

1 … 焼き豚は薄切りにし、食べやすい大きさに切る。ボウルに入れ、Aのごま油とこしょうを加えて混ぜる。片栗粉をまぶして混ぜる。

2 … えびは背わたがあれば取り、別のボウルに入れ、Bの塩、砂糖、うまみ調味料、こしょう、卵黄を加えて混ぜる。片栗粉をまぶして混ぜる。

3 … 小さめのボウルにたれの材料を入れて混ぜる。

4 … 皮を作る。大きめのボウルに水以外の材料をすべて入れて混ぜる。水を少しずつ加えながらよく混ぜる。

5 … バットにクッキングペーパーを敷く（なければサラダ油[分量外]を塗る）。4を2〜3mm厚さまで流し入れ、中央に1の具を一列に並べる。蒸気の上がった蒸し器に入れて蓋をし、中火で3分ほど蒸す。

6 … 蒸し上がったら取り出し、クッキングペーパーごとまな板の上にのせる。ペーパーの端を持ち上げながら皮をゆっくりはがし、具を巻く（熱いので注意）。食べやすい大きさに切って器に盛り、たれをかけ、好みで長ねぎやごまをかける。

7 … 5の工程の1の具を2にし、同じように作る。

材料 [4人分]

皮
在来米粉（なければ上新粉）… 152g
貫雪粉（なければ片栗粉）… 17.5g
生粉（片栗粉）… 55.5g
コーンスターチ … 55.5g
サラダ油 … 大さじ1と1/2
水 … 3カップ

具
市販の焼き豚 … 160g
　A
　ごま油 … 大さじ1
　こしょう … 少々
　片栗粉 … 50g

むきえび … 24尾
　B
　塩、砂糖、うまみ調味料 … 各小さじ1
　こしょう … 少々
　卵黄 … 1個分
　片栗粉 … 50g

たれ
しょうゆ … 大さじ1
砂糖 … 大さじ1と2/3
水 … 小さじ2

長ねぎ（みじん切り）、白いりごま（好みで）… 各適量

作り方のポイント
蒸し器に入るバットがなければ
耐熱皿を使ってもよい。

Hong Kong, Cheung fun

宮﨑｜トゥルンとした食感が好きです。シンプルな素材のたれも美味しい。

──「腸粉」をはじめて食べたのはいつ?
宮﨑｜子どもの頃に家族で海外旅行に行ったとき、点心を載せたワゴンがまわってくるお店で食べた料理の中に腸粉があって、「すごく美味しい!」と思ったんです。大人になってから行った台湾で同じものが出てきて、「これ、昔食べたやつだ、美味しかったやつだ!」と記憶がよみがえって。腸粉という名前を覚えて、台湾に行く度に食べるようになりました。必ず行くお店があるんです。
──台湾のコーディネーターさんに聞いたところ、腸粉はなんと香港の名物らしいです。
宮﨑｜ええーっ!
──宮﨑さんがいつも行くお店も、台湾にある香港料理店なんですって(笑)。
宮﨑｜そうなんだ(笑)。じゃあ、子どものときに行ったのは香港だったんですね。
──腸粉を作ってみた感想は?
宮﨑｜工程はシンプルだけど、えびにちゃんと下味をつけていたり、細かいところが好きです。ちょっと手をかけてあげるだけで、ぐっと美味しくなる。
──ちょっと感動の美味しさでしたね。
宮﨑｜美味しいですよね。トゥルンって食べられますし。たれがまた美味しくて。おしょうゆとお砂糖と水というシンプルな素材なのに、こんなに美味しいんだって。
──家でも作れそうですか?
宮﨑｜絶対に作りたいです。まわりに腸粉を食べたことのない人がいて、ずっと自分で再現して食べさせてあげたいなと思っていたので。だから今日は嬉しいです。

Info

シェフ｜葉 積光さん
お店｜ル・パルク 恵比寿店
住所｜東京都渋谷区恵比寿西 1-19-6 UNパークビル 1・2F
TEL｜03-3780-5050
営業時間｜月-金 11:30-15:00 17:00-22:30
土・日・祝 11:30-16:00 17:00-21:30
本場香港で経験を積んだ点心師による飲茶が楽しめる。腸粉には「えび」「焼き豚」「帆立と豆苗」の3種類がある。

香港｜腸粉　013

Dish 02 ［アジア編］｜タイ

トムヤムクン

トムヤムクンとは？
タイ料理を代表する辛味と酸味が強いスープ。
「トム」は煮る、「ヤム」は混ぜる、「クン」はえびのこと。

作り方 [所要時間｜約30分]

1 … ナンキョウは薄切りにする。レモングラスは斜め薄切りにする。バイマックルーは軸を取り除き、4等分にちぎる。

2 … えびは頭と尻尾を残して殻をむき（殻はとっておく）、背に切り込みを入れて背わたがあれば取る。身の中心に切り目を入れ、尻尾をくぐらせる。きのこ類は食べやすい大きさに切る。赤唐辛子は種を除き、小口切りにする。

3 … 鍋に水400mlを入れ、ナンキョウ、レモングラス、バイマックルーを加えて強火にかける。煮立ったら**2**のえびの殻、鶏ガラスープの素、うまみ調味料を加えて中火にする。

4 … 煮立ったら、えびの殻を取り除き、チリインオイル、ナンプラー、レモン汁、えび、きのこ類を入れて中火にかけ、5分ほど煮る。

5 … 器に赤唐辛子、ココナッツミルクを入れる。

6 … **5**に**4**を入れる。好みで香菜をのせる。

材料 [1人分]

えび（殻つき） … 3尾
きのこ（しめじやエリンギなど） … 好みの量
ナンキョウ（なければしょうが） … 1/2片
レモングラス（あれば） … 1/2本
バイマックルー（こぶみかんの葉、なければローリエ） … 3〜4枚
赤唐辛子 … 3本
鶏ガラスープの素、うまみ調味料 … 各少々
チリインオイル … 小さじ1
ナンプラー … 大さじ2〜3
レモン汁 … 大さじ3
ココナッツミルク … 大さじ2
香 菜（シャンツァイ）（好みで） … 適量

作り方のポイント
ココナッツミルクがなければヨーグルト（無糖）でも美味しく仕上がる。

Thailand,
Tom yum goong

宮﨑

タイに行くと毎日食べます。作り方が簡単でびっくりしました。

── タイという国にはなじみがありますか？
宮﨑｜長期だと映画の撮影で2回行っているし、他にもちょこちょこ仕事で行ったことがあります。すごく食べ物が美味しい国という印象です。
── どんな料理を食べるんですか？
宮﨑｜とにかく「辛くて酸っぱい」味が大好きなので、トムヤムクンは毎日食べます。あと、デザートも好きです。マンゴー・プリンやアイスクリームに必ず添えられている甘いスティッキー・ライス（もち米）が美味しくて、よく食べていました。

── 大好きなトムヤムクンを自分で作ってみてどうでしたか？
宮﨑｜「外で食べるもの」というイメージがあったけど、家で作れたらいいなと思っていたので、教わることができて嬉しいです。思っていたより簡単にでき上がってびっくりしました。
── あっという間にできましたね。
宮﨑｜「ココナッツミルクを煮詰めなくていい」ということも「えびを入れたらわりとすぐに火を止める」ということも知らなかったし、酸っぱさの理由がレモンだということも発見でした。
── タイでは、ほとんどの材料が庭に生えているものなんですってね。
宮﨑｜すごいですよね。日本だと普通のスーパーでは手に入りにくい食材が多いから、材料を集めるのは行動力がいりますけど、一度手に入れてしまえば冷凍しておけるし、買いに行かないと！ 早く家で作りたいです。えびの殻以外の材料をネットに入れて煮込んでもいいと教わったので、その方法で作ってみたいと思います。

Info
シェフ｜スー・リンさん
お店｜タイ料理 パヤオ
住所｜東京都台東区浅草橋1-10-8 第二石渡ビル2F
TEL｜03-5820-9121
営業時間｜11:30-14:30 17:00-23:00 日休
タイ出身のシェフが作る本格タイ料理が味わえる。

タイ｜トムヤムクン　017

Dish 03 ［アジア編］｜韓国

キンパ

キンパとは？
韓国ののり巻き。ご飯にごま油を入れるのが
日本ののり巻きとの大きな違い。

作り方 ［所要時間｜約60分］

1 … キンパのご飯にAを加えてよく混ぜ、粗熱をとる。

2 … キンパの牛肉とBを混ぜ合わせる。フライパンにサラダ油を入れて熱し、中火で肉の色が変わるまで焼く。粗熱をとる。

3 … キンパのほうれん草は熱湯でさっとゆでる。冷水にとってよく水けをしぼり、根元を切り落とし、Cを加えてよくもみこむ。にんじんは千切りにし、フライパンにサラダ油を入れて熱し、中火でさっと炒め、塩をふって混ぜ、取り出して粗熱をとる。

4 … キンパの厚焼き卵を作る。ボウルに卵を溶きほぐし、Dを加えて混ぜる。卵焼き器にサラダ油少々をひく。卵液1/2量を入れて中火で焼き、半熟状になったら手前から巻く。さらにサラダ油少々をひき、残りの卵液を流して巻く。取り出して冷まし、8本の棒状に切り分ける。

5 … キムチを作る。大根は長さ5cmに切り、幅1cm、厚さ2mmの短冊形に切る。ボウルに入れ、塩を加えてよく混ぜ、ラップをして室温に20分ほどおく。

6 … 5の大根を水で洗い、しっかり水けをきる。Eを加えてよく混ぜ合わせる。

7 … 巻きすにのり1枚をのせ、1のご飯1/4量を薄く広げる。手前に2の牛肉、3のほうれん草、にんじん、4の厚焼き卵を1/4量ずつ並べる。指で具をおさえながら、巻きすを持ち上げるように手前から巻き、しっかり押さえて形をととのえる（好みでたくあんやかにかまぼこなどを加える）。

8 … 巻き終わりを下にしてまな板にのせ、全体に薄くごま油をぬる。食べやすい大きさに切って、6のキムチとともに器に盛る。

材料 ［3〜4人分］

キンパ

温かいご飯 … 茶碗3杯分弱（約420g）
A
　ごま油、白すりごま … 各大さじ1
　レモン汁 … 小さじ1

牛こまぎれ肉 … 100g
B
　しょうゆ … 大さじ1/2
　砂糖 … 小さじ1/2
　ごま油 … 小さじ1
　おろしにんにく … 少々
サラダ油 … 小さじ1

ほうれん草 … 1/3わ（約100g）
C
　しょうゆ、ごま油 … 各小さじ1/2

にんじん … 1/3本（約60g）
塩 … ひとつまみ
サラダ油 … 小さじ1

卵 … 1個
D
　塩、砂糖 … ひとつまみ
サラダ油 … 適量

焼きのり（あれば韓国のり）… 全形4枚
ごま油 … 適量

簡単大根キムチ

大根 … 1/4本（約10cm）
塩 … 大さじ1
E
　唐辛子粉 … 細かいもの、粗いもの各大さじ1
　砂糖 … 大さじ1
　いわしエキス（韓国魚しょう）、おろしにんにく … 各小さじ1

作り方のポイント
最後にごま油をぬると
全体がしっとりとし、かたくなりにくい。

South Korea, Kimbap

宮﨑

韓国に行くと
いつも食べます。
いろんな食感を
楽しめますね。

—— もともとキンパが大好きだそうですね。
宮﨑｜韓国に行くといつも食べるぐらい好きなので、一度だけ自分で作ったことがあるんです。そのときは具がちょっと水っぽくなってしまったし、キムチも入れたから崩れやすくて。今日は「シンプルが一番美味しい」っていうことを学びました。
—— 彩りが綺麗でしたが、韓国には「五味五色」という考え方があるそうですね。
宮﨑｜「赤・黄・白・黒・緑の5つの色の食材を食べると身体にいい」と教わりました。いろんな食感が感じられるのも不思議で楽しかったです。
—— のりを巻くのが上手で驚きました。
宮﨑｜普段からのり巻きを作っているからですかね。この間、恵方巻きを自分で作ったんですけど、クリームチーズを入れるとすごく美味しいんですよ。はじめてひとりで一本全部食べました。
—— 韓国には映画祭などでよく訪れている？
宮﨑｜そうですね。韓国はすごく食べ物が美味しい国。冷麺も必ず食べるんですけど、スープがシャーベット状になっている冷麺に出合って感動しました。8年ぐらい冷麺にハマっていたんですけど、最近そのブームは終わりました。でも今でも好きです。
—— 次にブームになりそうなのは？
宮﨑｜キムチを作ってみたいんです。糠漬けも興味があるけど、毎日手をかけてあげなきゃいけないから難しいかなあと思って。今日教わった簡単大根キムチは、色が真っ赤なのにすごくマイルドで美味しかったな。家で早速作ってみたいです。

Info

シェフ｜姜 恵蘭さん
お店｜第一物産 上野本店

住所｜東京都台東区東上野 2-15-5
TEL｜03-3831-1323
営業時間｜月-金 8:00-20:00　土・日・祝 8:00-19:00
元旦以外無休

名物「手づくりキムチ」をはじめとする韓国食材を販売する老舗物産店。社長の姜さんは料理教室「韓国料理サロン 恵蘭 's Kitchen」も運営。

Dish 04 ［アジア編］｜中国
酸辣湯

酸辣湯とは？
中国・四川料理、湖南料理を代表する一品。
酢の酸味と、こしょうや唐辛子の辛味が一緒になったとろみのあるスープ。

作り方 [所要時間｜約20分]

1 … きくらげは水でもどし、5mm幅の細切りにする。黄ニラ、えのきたけは5cm長さに切る。にんじんは5mm幅の細切りにする。豆腐は1cm角に切る。豚肉は5mm幅の細切りにする。

2 … 鍋に熱湯を入れて豚肉をさっとゆで、取り出す。別の鍋に水400mlを入れて中火で熱し、鶏ガラスープの素を加える。1と金針菜、ゆでた豚肉を入れる。

3 … 弱火にし、酒、塩、しょうゆ、こしょうを入れて混ぜる。水溶き片栗粉を入れて混ぜ、とろみをつける。

4 … 強火にし、溶き卵を菜箸につたわせながら全体に回し入れ、5秒ほど加熱する。火を止め、酢を入れて全体を混ぜる。器に盛って、好みで香菜の葉をのせる。

材料 [2人分]

きくらげ … 10g
黄ニラ … 3本
えのきたけ … 1/4袋
にんじん … 長さ5cm×幅1cm
金針菜（なければ三つ葉など）… 6本
絹ごし豆腐 … 1/8丁 (30g)
豚バラ薄切り肉 … 2枚
溶き卵 … 大さじ2
鶏ガラスープの素 … 小さじ1
酒 … 大さじ1
塩、こしょう … 各小さじ1/3
しょうゆ … 大さじ2
酢 … 大さじ4
水溶き片栗粉
　片栗粉 … 大さじ1
　水 … 大さじ1と1/2
香菜（好みで）… 適量

作り方のポイント
金針菜とは、ユリ科のホンカンゾウの花のつぼみ。手に入らない場合は、三つ葉やほうれん草、ニラなどでも美味しく仕上がる。

China,
Hot and sour soup

024　世界をいただきます［アジア・北中南米編］

宮﨑

家の冷蔵庫にある材料だけで十分美味しく作れそうです。

宮﨑｜今日作った酸辣湯は、お酢の酸っぱさが後に残る感じも、こしょうがピリッとくる感じもちょうどよくて、すごく美味しかったです。お野菜もしゃきしゃきしていて。家の冷蔵庫にある材料で十分美味しく作れそうですね。
シェフ｜四川料理は家庭料理が出発点なので、中に入れる材料は何でもいいんです。季節の材料を入れてもいいし、セロリとトマトと卵だけでも大丈夫。
宮﨑｜たけのこはどうですか？
シェフ｜歯ごたえがあるからいいと思います。いろんなかたさの材料を揃えるとさらに美味しくなります。
宮﨑｜ひとつのスープでいろんな食感を楽しめるっていいですよね。他に家庭で美味しく作るコツはありますか？
シェフ｜中華料理の基本でもあるんですが、具材をすべて同じ大きさに切り揃えること。見た目に綺麗なのはもちろんですが、中華料理はいろんな具材をひとつの味にまとめるので、違う大きさのものが入ると味が変わってしまうんです。今日は細切りにしましたが、全部四角く切ってもいいんです。
宮﨑｜確かに中華料理って具材が全部同じ切り方ですね。
シェフ｜スープを沸騰させないことも大事です。煮すぎると、濁った味になってしまいますから。
宮﨑｜今日は調味料を入れる度に味見をして、味の変化が楽しかったので、家でも味見しながら作ってみます。
シェフ｜少し味付けを濃くして、仕上げにトマトと麺を入れて、酸辣湯麺にアレンジするのもオススメです。
宮﨑｜美味しそう！

シェフ

中華料理の基本でもあるんですが、具材をすべて同じ大きさに切り揃えること。スープを沸騰させないことも大事です。

シェフ｜田村亮介さん

中国｜酸辣湯　025

Dish 05 ［アジア編］｜ベトナム

鶏肉と香菜のフォー

フォーとは？
米粉から作られたフォー（麺）をスープに入れた料理。
ベトナムでは朝昼晩の3食食べられている国民食。

作り方 [所要時間｜約80分]

1 … フォーを水に1時間ほど浸す。

2 … スープを作る。鍋に水1ℓ、鶏ガラスープの素、玉ねぎ、しょうがを入れてひと煮立ちさせる。

3 … 鶏肉を加え、強火で10分ほど熱する。鶏肉に火が通ったら取り出す。弱火にし、砂糖、塩を加えて味をととのえる。玉ねぎとしょうがを取り出す。

4 … 香菜は葉を摘み粗くちぎる、茎は2cm長さに切る。玉ねぎ（トッピング用）は縦薄切りにする。パプリカは縦細切りにする。長ねぎは縦に切り目を入れて芯を取り除き、細切りにして水にさっとさらして水をきる。万能ねぎは小口切りにする。3の鶏肉は1cm幅に切る。

5 … 1のフォーを取り出してよく水をきり、10秒ほどさっとゆでる。湯をきって器に盛り、3のスープを入れる。

6 … フォーの上に鶏肉をのせ、万能ねぎをちらす。さらに玉ねぎ、長ねぎ、パプリカ、香菜を順にのせる。レモンを添える。

材料 [2人分]

フォー … 200g
鶏もも肉 … 100g
香菜 … 1/5 束
玉ねぎ … 1/10 個
パプリカ（赤）… 1/10 個
長ねぎ … 5cm
万能ねぎ … 3本
レモンのくし形切り … 適量

スープ
鶏ガラスープの素 … 大さじ2
玉ねぎ … 1/10 個
しょうがの薄切り … 7枚
砂糖 … 小さじ1
塩 … 小さじ1

作り方のポイント
3でアクが出てきた場合は、ていねいに取り除くと、雑味のない透き通ったスープになる。

Vietnam, Pho

Info

シェフ｜トゥアンさん
お店｜フォーベト
住所｜東京都豊島区西池袋3-31-15 ロイヤルプラザⅡ 4F
TEL｜03-3590-8788
営業時間｜11:00-15:00 17:00-23:00
無休（お盆、年末年始除く）

アットホームな雰囲気の中で、リーズナブルなベトナム料理が楽しめる。

宮﨑

朝食にも
ぴったりですね。
家で作るときの
秘けつは？

宮﨑｜ベトナムの方はよくフォーを食べるんですか？
シェフ｜みんな大好きな国民食。現地では朝ご飯に食べることが多いです。
宮﨑｜へえー、どうしてですか？
シェフ｜フォーはお米からできているので、食べてからしばらく経つとお腹がいっぱいになりますから。スープは体を温めますしね。
宮﨑｜朝食にぴったりですね。家庭でもよく作るんですか？
シェフ｜街中どこでも食べることができて、テイクアウトもできる。家庭で作ることはほとんどないです。
宮﨑｜外食文化がとても発展しているんですね。
シェフ｜「こんなところに？」という店先でも、プラスチックの椅子とテーブルを並べてフォーを出してくれます。
宮﨑｜家庭で作るときの秘けつは？
シェフ｜フォーはのびやすいので、水で戻すときは冷水が最適。時間をかけて戻すとかたさが均一になって美味しくなります。あとは、香菜を手でちぎって香りを出すこと。切り分けた鶏肉やスープは、一晩寝かせたほうが雑味が取れて美味しくなります。
宮﨑｜鶏ガラで本格的なスープを作ってみたいです。
シェフ｜入れる材料は一緒です。しょうがと玉ねぎと鶏ガラを水に入れて、蓋を閉めずに12時間ほど煮込めばでき上がり。
宮﨑｜12時間も!?
シェフ｜難しかったら、鶏肉を茹でた汁を、だしの素のスープに入れれば、コクが出て本場の味に近づきますよ。
宮﨑｜それなら簡単にできますね！

シェフ

フォーはのびやすいので、
水で戻すときは冷水が最適。
時間をかけて戻すと
かたさが均一になって美味しくなります。

ベトナム｜鶏肉と香菜のフォー　029

Dish 06 ［アジア編］｜中国

パイナップル入り酢豚

酢豚とは？
下味をつけた豚にころもをつけて油で揚げ、甘酢たれをからませた広東料理。
「酢豚」という名称は日本独自のもの。

作り方 [所要時間｜約40分]

1 … 鍋に甘酢たれの材料を入れ、弱火で5分ほど熱する。レモンと山査子を取り除く。

2 … パイナップルは芯を取り、1cm厚さに切る。ピーマンとパプリカは一口大の乱切りにする。玉ねぎは一口大の乱切りにする。長ねぎは1cm幅の斜め切りにする。豚肉は一口大に切る。

3 … Aの片栗粉以外の材料をボウルに入れて混ぜる。豚肉を加えてもみこむ。さらに全体に片栗粉をまぶす。

4 … 中華鍋に揚げ油を入れ、中温（170〜180℃）で熱する。3の豚肉を入れて揚げる。きつね色になったら、2のパイナップル、ピーマン、パプリカ、玉ねぎ、長ねぎを加え、強火にしてさっと揚げ、編みじゃくしですぐに豚肉とともに取り出し、油をきる。

5 … 4の揚げ油を大さじ1ほど残して、1を入れて中火で熱する。水溶き片栗粉を加えてとろみをつけ、4の豚肉と野菜を戻し入れて混ぜ合わせる。仕上げにサラダ油を加えてさっと混ぜ、器に盛る。

材料 [2人分]

豚肩ロースかたまり肉 … 180g
ピーマン … 1個
パプリカ（赤）… 1/2個
玉ねぎ … 1/4個
長ねぎ … 1/4本
パイナップル … 1/8個
水溶き片栗粉
　片栗粉、水 … 各大さじ1
サラダ油 … 大さじ1
揚げ油 … 適量

A

塩、砂糖、こしょう … 各少々
卵黄 … 1個分
片栗粉 … 大さじ1
カスタードパウダー … 大さじ1

甘酢たれ

酢 … 200ml
砂糖 … 大さじ5
トマトケチャップ … 大さじ4
梅肉 … 小さじ2
レモンの薄い半月切り … 4枚
山査子（スライス、あれば）… 6枚

作り方のポイント
山査子は漢方薬店などで購入可能。甘酸っぱい味と香りが特徴で、本格的な味になる。

China, Sweet and sour pork

宮﨑
大きな鍋で
たっぷりの油と
強火を使う勇気が
必要ですね。

宮﨑｜ごちそうさまでした。お肉の味もお野菜の火の通り具合もちょうどよくて、すごく美味しかったです！
シェフ｜よかったです。
宮﨑｜「酸っぱくて甘い」という味が好みなので、昔から酢豚が大好きなんです。料理にフルーツが入っているのも好きなので、パイナップルは絶対に入っていてほしいです。
シェフ｜中国の酢豚はパイナップルが入っているのが普通なんですよ。

宮﨑｜へえー。では、「黒酢酢豚」というのは？
シェフ｜海から遠い北の地方はパイナップルがとれないので「黒酢酢豚」を作ることが多いです。お肉だけで作れますからね。
宮﨑｜家でも時々酢豚を作るんですが、お野菜をあんなに早く油から取り出すとは思いませんでした。
シェフ｜野菜を揚げるのは一瞬で大丈夫。しゃきしゃきとした歯ごたえを残したほうが美味しいですから。
宮﨑｜今まで自分で作った酢豚の野菜はしんなりしていました（笑）。大きな鍋を用意して、たっぷりの油

と強火を使う勇気が必要だなと思います。
シェフ｜それはとても大事なポイントです。豚肉も外側がパリッと揚がっているほうが美味しいですよ。
宮﨑｜山査子を手に入れるのが難しい場合は？
シェフ｜なくても大丈夫。それから、梅は「梅肉」じゃなくて「梅干し」をそのまま入れても美味しいですよ。
宮﨑｜梅干しも大好きなので、今度おうちでチャレンジしてみます。

シェフ
それはとても大事なポイントです。
豚肉も外側がパリッと揚がっているほうが
美味しいですよ。

シェフ｜黎 志健さん

中国｜パイナップル入り酢豚　033

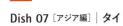

Dish 07 ［アジア編］｜タイ

パッタイ

パッタイとは?
米粉を使ったセンレック（タイビーフン）を、ナンプラーと
タマリンドという果物の果汁でできたソースで炒めたタイ風焼きビーフン。

作り方 [所要時間｜約30分]

1 … センレックは袋の表示通りに水に浸し、ざるに上げる。

2 … ニラは5cm長さに切る。ピーナッツは粗く刻む。えびは背に縦に1本切り目を入れ、背わたがあれば取る。

3 … フライパンにサラダ油大さじ1を入れて中火で熱する。えびを入れてさっと炒めたら、取り出す。

4 … 同じフライパンにサラダ油大さじ1を入れ、卵を割り入れて混ぜる。半熟状になったら、センレックを加え、えびを戻し入れて強火にし、1〜2分ほど炒める。

5 … パッタイソースを入れて全体になじませる。火を止めて、もやし2/3量、ニラ、桜えび、ピーナッツを加えて、余熱で1〜2分ほど炒める。

6 … 器に盛り、もやし1/3量とレモンを添える。

材料 [2人分]

センレック（タイビーフン）… 240g
むきえび … 4尾
卵 … 2個
もやし … 1/2袋
ニラ … 1/4束
桜えび … 大さじ2
ピーナッツ（無塩）… 適量
レモンのくし形切り … 適量
市販のパッタイソース … 120ml
サラダ油 … 大さじ2

作り方のポイント
仕上がってから、ナンプラーや唐辛子、砂糖や酢を好みで加えて混ぜ合わせても美味しい。

Thailand, Pad thai

Info
シェフ｜ヨンさん
お店｜オールドタイランド 飯田橋店
住所｜東京都千代田区富士見2-3-8 横江ビル2F
TEL｜03-5212-4566
営業時間｜11:30-15:00 17:00-23:00 無休

タイ人シェフが作る香辛料やハーブをふんだんに使った本格的なタイ料理が味わえる。

宮﨑

たった2〜3分
炒めるだけで
でき上がったのに
びっくりしました。

宮﨑｜昔からパッタイが大好きなのですが、タイの方はどんなときに食べる料理なんですか？
シェフ｜ランチに食べることが多いです。パッタイ専門店もたくさんあるので、安くて早い屋台やレストランでよく食べます。タイ人もみんなパッタイが大好きですよ。
宮﨑｜タイは屋台が多いですもんね。おうちで作ったりもしますか？
シェフ｜タマリンドという果物を搾ったソースを作るのに手間がかかるので、たまにしか作りません。宮﨑さんがおうちで作るときは、市販のパッタイソースを使ったほうが手軽にできると思います。
宮﨑｜今日作り方を教えていただいて、たった2〜3分炒めるだけででき上がったのにびっくりしました。スピーディなのが楽しかったです。手際よく作るというのは、大事なポイントですか？
シェフ｜手早く炒めないと、麺がかたくなって、色も茶色くなってしまいます。中火でゆっくりではなく、強火にして短時間でささっと炒めるのがコツ。家庭のキッチンでは、マックスの強火で作るのがいいと思います。
宮﨑｜どんなアレンジができますか？
シェフ｜具を変えても美味しいですよ。えびの代わりに揚げ豆腐を入れたりとか。タイでは、もやしの代わりにスターフルーツを千切りにして入れることもあります。
宮﨑｜美味しそう！ じっくり煮込む料理を作るのも好きだけど、素早くできる料理も好きです。パッタイはお腹がすいている人がいたら、すぐに作れるところもいいですね。

シェフ

手早く炒めないと
麺がかたくなってしまうので、
強火でささっと炒めるのがコツです。

タイ｜パッタイ　037

Dish 08 ［アジア編］｜韓国

大根と白菜の水キムチ

水キムチとは？
野菜やフルーツなどを漬け汁とともに発酵させた韓国のスープ状キムチ。

作り方 [所要時間｜約90分＋一晩]

1 … 大根は2cm角、白菜は2cm四方に切る。塩小さじ2をふってもみ、ラップをして冷蔵庫で1時間ほどおく。

2 … 鍋にAのもち米粉と水を入れて中火で熱し、よく混ぜながら、ひと煮立ちさせる。火を止めてさます。

3 … Bの梨、りんご、大根、玉ねぎ、長ねぎ、しょうがは一口大に切る。2のスープに入れ、あみの塩辛、にんにくを加えて、フードプロセッサーにかける。

4 … Bのラディッシュを薄切りにする。大きな密閉容器に1を入れる。3を万能こし器に入れ、Bの水を加えてよく混ぜながらこし入れる。ラディッシュ、上白糖、塩大さじ1と1/2を加えて混ぜる。密閉して一晩室温でおく。

5 … Cのきゅうりは薄い半月切りにする。せりは葉を取り、2cm長さに切る。にんじんは一口大の薄切りにする。りんごは皮つきのまま一口大の薄切りにする。

6 … 4に5を混ぜ、砂糖や塩（分量外）で好みの味にととのえ、器に盛る。残りは冷蔵庫で保存する。

材料 [作りやすい分量]

大根 … 1/3本
白菜 … 1/4株
塩 … 小さじ2

A
もち米粉 … 大さじ2
水 … 200ml

B
梨 … 1/2個
りんご … 1/2個
大根 … 1/10本（約4cm）
玉ねぎ … 1/2個
長ねぎ … 1/2本
ラディッシュ … 5個
あみの塩辛 … 20g
にんにく … 1片
しょうが … 1片
上白糖 … 大さじ5
塩 … 大さじ1と1/2
水 … 2ℓ

C
きゅうり … 1本
せり … 1/2わ
にんじん … 1/2本
りんご … 1/2個

作り方のポイント
工程4では、こし器に入れてから、よく味を搾り出せるように手で混ぜるとよい。

Info

シェフ｜金 民水さん
お店｜韓食 古家
住所｜東京都新宿区新宿3-14-1 伊勢丹新宿店7F
TEL｜03-3351-8056
営業時間｜11:00-22:00 休：伊勢丹休日に準ずる

「食べものこそ薬、健康の源」という韓国伝統料理の思想のもとに、身体に優しいメニューが揃う。

South Korea, Mul kimchi

宮﨑

野菜をこすことで、こんなにうまみが凝縮したスープができるんですね。

宮﨑｜水キムチはどんなときに食べるお料理ですか？
シェフ｜消化を促すために食前に食べることが多いです。メインはスープなので、しっかり飲んでくださいね。
宮﨑｜実はこれまで水キムチのスープを飲まずに野菜だけ食べていました。とてももったいなかったです。
シェフ｜スープが主役なので「水」っていう名前がついているんですよ。
宮﨑｜なるほど。野菜をこすことで、こんなにうまみが凝縮したスープができるんですね。

シェフ｜今日は大根と白菜の水キムチを作りましたが、スープに漬けるのはどんな野菜やフルーツでもいいんです。水キムチに冷麺を入れて食べても美味しいですよ。
宮﨑｜嬉しい！　昔から冷麺が大好きなので、家で早速作ってみないと。水キムチは一度にたくさん作ったほうがいいですか？
シェフ｜そうですね。たくさん作って冷蔵庫で保存し、1週間ぐらいかけて食べると、どんどん味が変わっていきますよ。

宮﨑｜少しずつ発酵していくんですね。何日目が一番の食べごろですか？
シェフ｜作って3日後ぐらいですね。
宮﨑｜発酵させるために使ったもち米粉は、どこにでも売っていますか？
シェフ｜お店になかったら、薄力粉でも大丈夫。もち米粉と水のペーストに唐辛子粉を入れて、白菜に塗って発酵させれば、白菜キムチもできますよ。
宮﨑｜すごい！　白菜キムチも大好きなので、挑戦してみます。

シェフ

たくさん作って冷蔵庫で保存し、1週間ぐらいかけて食べると、どんどん味が変わっていきますよ。

韓国｜大根と白菜の水キムチ　　041

Dish 09 ［アジア編］｜モンゴル

ボーズ

ボーズとは？
羊のひき肉を、水でこねた小麦粉の生地に包んで
蒸したモンゴル料理。主に旧正月にふるまわれる。

作り方 [所要時間｜約120分]

1 … 生地を作る。薄力粉と強力粉を合わせて、万能こし器でボウルにふるい入れる。水を加えながら、耳たぶくらいのかたさになるまでこねる。ぬれぶきんをかけて室温で1時間ほどやすませる。

2 … ラム肉は包丁でたたいてみじん切りにする。長ねぎ、しょうがはみじん切りにする。白菜の葉は粗みじん切りにする。別のボウルに入れて、塩、しょうゆ、ごま油を加えてよく混ぜる。

3 … 1の生地を20等分にし、円形になるように、めん棒を使って内側から外側に広げる（直径9cmほど）。

4 … 片手に生地をのせ、中心にあんをのせる（ディナースプーン1杯ほど）。もう片方の手の親指と人さし指で生地の端をつまみ、あんにかぶせるように持ち上げてひだを寄せる。包み終わりをぎゅっとひねってとめる。

5 … 蒸気の上がった蒸し器にクッキングペーパーを敷き、2cmほど間隔をあけて並べる。強火で約11分蒸す。

材料 [約20個分]

ラムもも肉 … 350g
白菜の葉 … 大2枚
長ねぎ … 2本
しょうが … 1片
塩 … 小さじ2
しょうゆ … 大さじ1
ごま油 … 大さじ1

生地
薄力粉 … 150g
強力粉 … 150g
水 … 150ml

作り方のポイント
4で包んだものをバットなどに並べるときは、片栗粉（分量外）などを敷いておくとくっつかなくてよい。

Mongolia, Buuz

Info

シェフ｜チンゲルトさん
お店｜シリンゴル
住所｜東京都文京区千石4-11-9
TEL｜03-5978-3837
営業時間｜18:00-22:30 無休（夏季・年始休暇除く）

羊肉がメインのモンゴル料理を本場の味で楽しめる。毎晩20時から馬頭琴の生演奏も。

宮﨑

少しくせのある ラムの味と 白菜の歯ごたえが 美味しいです。

宮﨑｜あんを生地で包む作業は大好きなんですけど、シェフのように均等に包むのはやっぱり難しいですね。生地の厚さが違うと食感が変わるので、もっと全体的に薄く包みたかったです。
シェフ｜少し生地が厚くなったものもあったけど、他はとても上手。一発で包めた人ははじめてだからすごいですよ。ボーズははじめて食べましたか？
宮﨑｜はい。少しくせのあるラムの味としゃきしゃきとした白菜の歯ごたえが、すごく美味しかったです。モンゴルではどんなときに食べるんですか？

シェフ｜作るのに時間がかかるので、旧正月やお祝いのときに大量に作って食べることが多いです。我が家では週末にいっぱい作って冷凍していました。モンゴルの冬は寒いから袋に入れて外に出しておけば自然に凍るんです。外で冷凍しておいた羊肉も、暖かくなると干し肉になって、それを夏に食べる。
宮﨑｜合理的ですね！　そうすると、家でボーズを作るときもたくさん作って冷凍しておけばいいんですね。
シェフ｜片栗粉をまぶして冷凍するといいですよ。

冷凍していたものは、14分ぐらい蒸したほうがいいです。
宮﨑｜家で美味しく食べるコツはありますか？
シェフ｜ニラやにんじん、香菜など、好きな野菜を入れても美味しいです。羊肉は冷めるとかたくなるので、温かいうちに食べるのが大事です。
宮﨑｜自分の好みに合わせて、いろいろアレンジしてみたいと思います。

シェフ

包むのがとても上手でしたね。 ニラやにんじん、香菜など 好きな野菜を入れても美味しいです。

モンゴル｜ボーズ　045

Dish 10 ［アジア編］｜マレーシア

ペーパーチキン

ペーパーチキンとは？
たれに漬けこんだ鶏肉をクッキングペーパーに
包んで油で揚げた、伝統的なマレーシア料理。

作り方　[所要時間｜約40分＋一晩]

1 … にんにく、しょうがを粗みじん切りにする。鶏肉を一口大に切る。

2 … ボウルに1とAの調味料を順に入れてよく混ぜる。塩、こしょうで味をととのえる。ラップをして冷蔵庫で一晩（最低でも3時間ほど）ねかせる。

3 … 30×40cmほどの大きさのクッキングペーパーを用意し、斜めにおいて手前に2を4〜5切れほどのせる。手前の角を持ち上げてかぶせて奥に折り込む。両端を折り込み、手前から奥にころがして、奥のペーパーを折り込む（ペーパーから汁気がもれないよう、空気が入らないように注意）。残りも同様に作る。

4 … 揚げ鍋に3がかぶるくらいの揚げ油を入れ、中温（160〜170℃）で熱する。3を静かに入れて、ときどき返しながら3〜4分ほど揚げる。全体がふくらんで浮いてきたら完成。

材料　[作りやすい分量]

鶏胸肉 … 1枚（約250g）
にんにく … 2片
しょうが … 2片

A
中国しょうゆ … 小さじ1
オイスターソース … 小さじ1
スイートチリソース … 大さじ1
梅ソース（あれば）… 小さじ1
紹興酒 … 大さじ1
ごま油 … 小さじ1/2
片栗粉 … 大さじ1

塩、こしょう … 各適量
揚げ油 … 適量

作り方のポイント
中国しょうゆが味の決め手。
海外の調味料を扱う店やネットで購入可能。

Malaysia, Paper wrapped chicken

Info

シェフ｜エレンさん
お店｜馬来風光美食
住所｜東京都杉並区天沼2-3-7 さかいビルB1F
TEL｜03-5938-8633
営業時間｜火-金 18:00-23:00　土・日 16:30-23:00　月休

アットホームな空間で、店主のエレンさんが料理人の母から受け継いだ中華系マレーシア料理を提供。

048　世界をいただきます［アジア・北中南米編］

宮﨑
鶏の胸肉ってパサパサになりがちなのにすごくやわらかい！

宮﨑｜（ペーパーを開いて）わ〜！ 美味しそうな香り。食べる前に「何かを開ける」というのはワクワクしますね。うん、とっても美味しいです。にんにく、しょうが、スイートチリソース、いろいろな味がして、最高です。
シェフ｜よかった。私の実家はイポー（Ipoh）というマレーシアの美食の街。鶏肉が有名で、美味しく食べるためにこの食べ方が考えられたんです。
宮﨑｜鶏の胸肉って調理によってはパサパサになってしまうけど、すごくやわらかいですね。

シェフ｜ペーパーに包んでじっくり揚げるから、ジューシーに仕上がるんですよ。
宮﨑｜家庭で揚げるときに油の量を少なくしても大丈夫ですか？
シェフ｜それはダメ。鶏肉がかぶるくらいの油にしないと。油がはねて危ないので、ペーパーで鶏肉を巻くときは汁気がもれないようにきっちり包んでくださいね。
宮﨑｜わかりました！ マレーシアでは家庭で食べる料理なんですか？

シェフ｜マレーシア人はみんな大好きだけど、家庭よりもレストランやペーパーチキン専門店で食べることが多いですね。紹興酒がとても合うし、ご飯にもぴったり。どんぶりにしても美味しいですよ。
宮﨑｜どんぶりはやってみたいです。
シェフ｜鶏肉の味付けに使ったのと同じたれを、少しの油で炒めてご飯の上にかけるといいですよ。
宮﨑｜料理の工程もシンプルですし、一晩ねかせて味がしみるのを待つのも楽しいし……まずは私が食べるために、すぐにでも家で作りたいです！

シェフ
クッキングペーパーに包んでじっくり油で揚げるから、ジューシーに仕上がるんですよ。

マレーシア｜ペーパーチキン　049

Dish 11 ［アジア編］｜ウイグル
ゴシナン

ゴシナンとは？
ラム肉を挟んで焼いたウイグルのミートパイ。
一説にはピザの原型とも言われている。

作り方 [所要時間｜約45分]

1 … 生地を作る。水に塩をよく溶かす。薄力粉と強力粉は、万能こし器でボウルにふるい入れる。塩水を少しずつ加えて手でよく混ぜ合わせ、耳たぶくらいのかたさになるまでよくこねる。ぬれぶきんをかけて室温で15分ほどねかせる。

2 … ラム肉、玉ねぎ、ピーマンは粗みじん切りにする。別のボウルに入れ、塩、こしょう、クミン、山椒を加えて混ぜる。

3 … 1の生地を60gずつに分けて丸める（約4等分）。台に打ち粉（分量外）をふって、生地の1つをのせ、直径約20cm、厚さ約2mmほどにめん棒で円形にのばす。残りの生地も同様にする。

4 … 1枚の生地の上に2のたねの半量をのせ、生地の縁を2cmほど残して広げる。もう1枚の生地を重ね、空気を抜きながら押さえる。縁に水（分量外）をつけてはりつけ、さらにねじるように折り込んで閉じる。残りも同様に作る。

5 … フライパンにサラダ油を入れ、中火で熱する。表を下にして入れ、2分ほど揚げ焼きにする。焼き色がついたら裏返し、弱めの中火でさらに2分ほど揚げ焼きにする。ペーパータオルに取り出し、油をきる。

材料 [2個分]

ラム肉 … 200g
玉ねぎ … 1個
ピーマン … 1/2個
塩 … 小さじ1/2
こしょう … 少々
クミン、山椒 … 各適量
サラダ油 … 大さじ2

生地

薄力粉 … 200g
強力粉 … 200g
水 … 150～200ml
塩 … 小さじ1

作り方のポイント
本場ではブレンドしたスパイスを使う。
クミンや山椒のほか、しょうがを入れても美味しい。

Uyghur, Gosh nan

Info

シェフ｜グップルさん
お店｜シルクロード・タリム
住所｜東京都新宿区西新宿3-15-8-103（西新宿パールビル1F）
TEL｜03-6276-7799
営業時間｜火-金 17:00-24:00　土・日・祝 12:00-24:00
月休 （祝日の場合は営業）

手作りによる本場シルクロードの味を楽しめる、東京唯一のウイグル料理専門店。

宮崎
油もあまり使わないので、おうちでも手軽に作れますね！

シェフ｜すごく綺麗に円く包めたことにびっくりしました。本当に上手！
宮崎｜具を包む作業は大好きなので、楽しかったです。美味しいラム肉が薄いパイの食感とマッチして、いくらでも食べられてしまいますね。
シェフ｜ウイグルでは家庭でもお店でも食べる定番料理。イタリア料理のピザの原型なんですよ。
宮崎｜そうなんですか!?
シェフ｜ゴシナンがシルクロードでイタリアへ渡ったんですが、イタリア人は具を包むのが面倒くさかったのか、上にのせてしまった。それがピザだと言われています。
宮崎｜そう言われてみると確かにピザに似ていますね。ところでウイグル料理の特徴ってなんですか？
シェフ｜もともと遊牧民族ですし、雨が少ない地域なので、羊と小麦粉しか料理に使えませんでした。だから肉料理と麺料理が中心。ラム肉は脂肪が身体に残らないし、羊が草原で餌を食べるときに草の上の部分しか食べないので、土や鳥のフンが口に入らない。とてもヘルシーなんです。カラッとした気候のためスパイスが何種類もとれるので、ラム肉の臭みも抑えられます。
宮崎｜おうちで作るときに、中に入れる具のオススメはありますか？
シェフ｜ラム肉と玉ねぎが定番ですが、そこにかぼちゃやトマトを混ぜても美味しいです。大きさを調整して小さくしてもいいし、半分に折ってもいいし。
宮崎｜オーブンを使わずにフライパンで焼くことにびっくりしましたが、油もあまり使わないので、おうちでも手軽に作れますね！

シェフ
具はラム肉と玉ねぎが定番ですが、かぼちゃやトマトを混ぜても美味しいです。大きさを調整して小さくしてもいいですよ。

ウイグル｜ゴシナン　053

Dish 12 ［アジア編］｜ネパール

ツォエラ

ツォエラとは？
焼いたチキンと生のトマトや玉ねぎを
たっぷりのスパイスであえたネパールの家庭料理。

作り方 [所要時間｜約30分]

1 … 鶏肉は、皮を切り取って（好みで残してもよい）、半分に切る。玉ねぎは2cm四方に切る。葉にんにくは1cm幅に切る。トマト1個は、皮をむいて6等分に切る。残りのトマト1個は2cm角に切る。香菜はみじん切りにする。

2 … フライパンにサラダ油を入れ、強火の中火で熱する。鶏肉を皮のついていたほうを下にしてこんがりと焼く。焼き色がついたら返してさらに焼く。

3 … 別のフライパンに6等分に切ったトマトを入れ、弱火でじっくり10分ほど焼く。すり鉢にしょうが、にんにく、塩、クミンパウダー、チリパウダー、山椒を入れる。トマトに焼き色（焦げてもよい）がついたら、すり鉢に加えてすりつぶす。

4 … 3に2cm角に切ったトマト、玉ねぎ、葉にんにくを入れて混ぜる。

5 … 2の鶏肉を一口大に切り、4に入れて混ぜる。粗熱がとれたら手でもみこむ。

6 … Aの赤唐辛子を3等分に切る。フライパンをきれいにしてAのサラダ油を入れ、赤唐辛子（種も一緒に）とフェンネルパウダーを入れて強火で熱する。黒く焼き色がついたらターメリックパウダーを加えて混ぜ、すぐに5にかけて混ぜる。器に盛り、香菜をのせる。

材料 [2〜3人分]

鶏もも肉 … 2枚
トマト … 2個
玉ねぎ … 1/2個
葉にんにく … 2本
香菜 … 3本
しょうがのすりおろし … 1片分
にんにくのすりおろし … 3片分
塩 … 小さじ2と1/2
クミンパウダー … 小さじ1/2
チリパウダー … 小さじ1
山椒 … 小さじ1/3
サラダ油 … 小さじ1

A
赤唐辛子 … 2本分
フェンネルパウダー … 小さじ1
ターメリックパウダー … 小さじ1
サラダ油 … 大さじ1と1/2

作り方のポイント
鶏肉は、あまりいじらずにしっかり焼き目をつける。
焼いたトマトは焦げもアクセントに。

Nepal, Choela

Info

シェフ｜ウルミラさん
お店｜サンサール 小岩店
住所｜東京都江戸川区南小岩5-18-16 ニューシャトレー103
TEL｜03-5668-3637
営業時間｜11:00-14:30 L.O.　17:00-22:30 L.O.　無休

カトマンズ出身のシェフが腕をふるう、化学調味料不使用のネパール家庭料理を提供。新宿と本八幡にも姉妹店がある。

宮﨑
スパイスが効いていてとても美味しい！ご飯にピッタリ。

宮﨑｜スパイスが効いていてとても美味しい！どんぶりにして食べたいくらい、ご飯にピッタリですね。
シェフ｜ネパールもお米が主食なんですよ。うちではお父さんのお酒のおつまみに作ったりもしていました。
宮﨑｜料理の途中で匂いを確かめて「塩が足りない」とおっしゃったのにはびっくりしました。
シェフ｜ネパールの家庭では、最初に食事を出すのはお供え物かお舅さん（夫の父）にと決まっているので、お母さんは料理中に味見をしないんです。お店で作るときは味見しますけどね。
宮﨑｜すごいですね。ツォエラをおうちで作るときのポイントは？
シェフ｜どんなお肉にも合うので、牛肉や馬刺しで作っても美味しいですよ。葉にんにくがない場合は、玉ねぎを多めに入れれば大丈夫。
宮﨑｜ネパールではおなじみのお料理なんですか？
シェフ｜それぞれの家庭の味があるくらいポピュラーな料理ですが、普段は野菜中心の「ダルバート」を食べています。豆のスープ（ダル）、おかず、漬物（アチャール）、ご飯をセットにした定食で、混ぜながら食べるんですよ。
宮﨑｜ヘルシーで美味しそうですね。ネパール料理の特徴って何ですか？
シェフ｜お隣のインドと違い、バター、生クリーム、カシューナッツを使わないので、シンプルでさっぱりしています。蒸し餃子、麺類、焼き物、炒め物もたくさんあるので、インド料理と中国料理のいいとこどりと言ってもいいかもしれませんね。

シェフ
ネパール料理はお隣のインドと違い、バター、生クリーム、カシューナッツを使わないので、シンプルでさっぱりしています。

ネパール｜ツォエラ　057

Dish 13 ［アジア編］｜スリランカ

スリランカカレー

スリランカカレーとは？
ココナッツミルクを多く使い、サラサラした食感が特徴。
他のおかずと混ぜて食べるのが一般的。

作り方 [所要時間｜約60分]

1 … 鶏肉は食べやすい大きさに切る。ボウルに入れて下味の材料をからめ、ラップをして20分ほど冷蔵庫におく。

2 … 玉ねぎは粗みじん切りにする。トマトは1cm角に切る。しし唐辛子は輪切りにする。しょうが、にんにくはみじん切りにする。レモングラスは1cm幅に切る。

3 … すり鉢に2のしょうが、にんにく、レモングラスを入れ、シナモン、カルダモン、クローブを加えてすりつぶす（もしくはフードプロセッサーにかける）。

4 … 鍋にサラダ油を入れて中火で熱し、ブラウンマスタード、ランペ、カラピンチャの葉、3を入れてさっと炒める。玉ねぎ、しし唐辛子、塩小さじ2を加えて混ぜる。油がなじんだらトマトを入れてさっと炒め、蓋をする。

5 … トマトがしんなりしたら、Aを入れて混ぜる。1の鶏肉、タマリンド、ゴラカを加える。水分が出始めたら火を止めて、蓋をして5分ほどおく。

6 … 水300mlを入れて蓋をし、強めの中火で5分ほど熱する。ココナッツミルク、牛乳を入れてさらに10分ほど熱する。塩小さじ1で味をととのえる。

材料 [4人分]

鶏もも肉 … 600g

下味
酢 … 小さじ1
しょうゆ … 小さじ1
塩 … 小さじ1/2
こしょう … 少々
しょうがのすりおろし … 1片分
にんにくのすりおろし … 1片分
ターメリック … 小さじ1
カレー粉 … 大さじ1

紫玉ねぎ … 1個
トマト … 1個
しし唐辛子 … 6本
しょうが … 1片
にんにく … 4片
レモングラスの葉と茎 … 5枚分
シナモンスティック … 1/2本
カルダモン … 1〜2粒
クローブ … 1〜2粒
ブラウンマスタード … 小さじ1と1/2
ランペ … 3枚
カラピンチャの葉 … 5枚
タマリンド … 大さじ3
ゴラカ … 1〜2粒
ココナッツミルク（缶詰）… 300ml
牛乳 … 200ml
塩 … 小さじ3
サラダ油 … 大さじ6

A
ターメリック … 小さじ1と1/2
カレー粉 … 小さじ4
コリアンダー … 小さじ2と1/2
クミン … 小さじ1と1/2
カイエンペッパー … 小さじ2と1/2
パプリカパウダー … 小さじ2と1/2
ブラックペッパー … 小さじ1

Sri Lanka,
Sri Lankan curry

作り方のポイント
ランペやゴラカ、カラピンチャなどスリランカ特有のハーブは専門店やネットで購入可能。

Info

シェフ｜アジ・ワサンタさん
お店｜セイロン・イン
住所｜東京都目黒区上目黒2-7-8
TEL｜03-3716-0440
営業時間｜月 11:30-14:00 火〜土 11:30-14:00 17:30-22:00
日 17:30-22:00 月ディナー・日ランチ休

本場そのままの味が楽しめる、30年近く愛され続けているスリランカ料理店。

宮﨑

スリランカのカレーはどのように食べるんですか?

宮﨑｜今日は「スリランカカレー」の他に「ナスのあえ物」「三つ葉のサラダ」も出していただきましたが、どのように食べるんですか?
シェフ｜ご飯にいろんなおかずをのせて、混ぜて食べてみてください。
宮﨑｜美味しい! カレーだけだとスパイスが強いのに、他のおかずを混ぜるとまろやかになりますね。一口ごとに味が変わるのも楽しいです。
シェフ｜スリランカの食事はカレーがメインですが、単品では食べません。食卓に何種類ものおかずを用意して、それぞれが自分の好みの割合で混ぜながらいただくんです。
宮﨑｜食事は大勢で食べるんですか?
シェフ｜たいてい5人以上の家族で食べます。数人が一緒に料理するので、そのぶんたくさんおかずを作れます。
宮﨑｜主食はご飯ですか?
シェフ｜ええ。あとは朝食べることが多い蒸した麺。夜はナン、ロティ、パラータというパンを食べますね。
宮﨑｜スリランカカレーの特徴は?
シェフ｜インドと違ってカシューナッツを使わず、現地のハーブや、石臼でペースト状にした香辛料を使います。いろんな組み合わせがあるから、たとえ5種類作っても同じ味になりません。チキンの他には、魚のカレーをよく食べますよ。
宮﨑｜家庭で作るときのコツも香辛料ですか?
シェフ｜はい。香りを出すために、入れる順番と手早さが大事。
宮﨑｜スパイス・マスターになる道のりはまだまだ遠いけど、頑張ります。

シェフ

カレー単品では食べません。何種類ものおかずを用意して、自分の好みの割合で混ぜながらいただくんです。

スリランカ｜スリランカカレー　061

Dish 14 ［アジア編］｜インドネシア

ソトアヤム

ソトアヤムとは?
インドネシアの家庭でよく食べられるチキンスープ。
日本のスープカレーの原型とも言われている。

作り方 [所要時間｜約40分]

1 … 玉ねぎは縦半分に切って縦薄切りにする。しょうがとにんにくは薄切りにする。ガランガーは包丁の腹でつぶす。レモングラスは長さ10cmに切る。こぶみかんの葉は一口大にちぎる。

2 … フライパンにサラダ油を入れて中火で熱し、玉ねぎとしょうが、にんにくを入れて炒める。玉ねぎがしんなりしたら、フードプロセッサーにかけてペースト状にする。

3 … フライパンに2を戻し入れ、ガランガー、レモングラス、こぶみかんの葉、ターメリック、コリアンダー、白こしょうを加えて中火で10分ほど、ペースト状になるまで炒める。

4 … 鍋に鶏肉を入れ、水をかぶるくらいまで（500mlほど）注いでゆでる。ゆで上がったら鶏肉を取り出す。3をゆで汁に加えて混ぜ、中火で煮る。煮立ったら塩を加え、弱火で15分ほど煮る。

5 … キャベツとセロリの葉はせん切りにする。長ねぎはみじん切りにする。春雨は袋の表示時間通りにゆで、ざるに上げて流水で洗う。ゆで卵は縦4等分に切る。4の鶏肉は細かくさく。

6 … 器に春雨、キャベツ、鶏肉、ゆで卵、長ねぎ、セロリの葉、フライドオニオンを盛り付ける。4のスープを注ぎ入れ、レモンを搾る。

材料 [2〜3人分]

鶏胸肉 … 2枚
キャベツ … 1/4個
セロリの葉 … 3本分
長ねぎ … 2本
春雨（乾燥）… 50g
ゆで卵 … 2個
玉ねぎ … 1個
しょうが … 1片
にんにく … 1片
ガランガー（あれば）… 1片
レモングラス … 2本
こぶみかんの葉（なければローリエ）… 3枚
ターメリック（パウダー）… 大さじ1
コリアンダー（パウダー）… 大さじ1
塩 … 小さじ2
白こしょう … 小さじ1
サラダ油 … 大さじ1
フライドオニオン、レモン … 好みの量

作り方のポイント
ガランガーは東南アジアのしょうがのようなもの。ネットで購入できるが、手に入らなければなくてもよい。

Indonesia, Soto ayam

Info
シェフ｜スタミさん
お店｜チャベ 目黒店
住所｜東京都品川区上大崎3-5-4 第1田中ビル2F
TEL｜03-6432-5748
営業時間｜月－土 11:30-14:30 17:30-22:00 日・祝休

現地出身のシェフが腕をふるう、インドネシアの様々な地域の料理が楽しめる。ハラルフードにも対応。

宮﨑｜
見た目は辛そうなのに、味はさっぱりしていますね。

宮﨑｜見た目は辛そうなのに、味はさっぱりしているんですね。
シェフ｜インドネシア料理は基本的に辛くないんです。辛いのが苦手な人も多いので、辛い調味料（サンバル）を食卓に置いて、自分で調節します。
宮﨑｜ソトアヤムはどんなときに食べるんですか？
シェフ｜家庭でお母さんが作る料理。日本の味噌汁のように、昼食や夕食に必ずと言っていいほど出てきます。スーパーに「ソトアヤムのもと」が売っているぐらい、みんな大好きです。

宮﨑｜ソトアヤムと一緒にご飯をいただくのが定番の食べ方ですか？
シェフ｜そうですね。インドネシア料理は油を使うことが多いから、体調が悪いときに食べることも多いです。
宮﨑｜お米もよく食べるんですか？
シェフ｜はい。一年で三回稲刈りができるぐらい、お米がよくとれるんです。
宮﨑｜へえー。インドネシア料理といえばナシゴレン（焼き飯）ですもんね。

シェフ｜ナシゴレンは朝食で食べることが多いんです。前の日の夕食で余ったご飯を、朝、炒めて食べるんです。
宮﨑｜今日は鍋がぐつぐつしているのを眺めている時間がすごく心地よかったです。香りがいいからでしょうか？
シェフ｜ぜひ家でも作ってみてください。キャベツの代わりにレタスを入れてもいいし、きのこも合いますよ。私はよくえのきたけを入れています。
宮﨑｜美味しそう。挑戦してみます。

シェフ
ソトアヤムは日本の味噌汁のように家庭での昼食や夕食に必ずと言っていいほど出てきます。

インドネシア｜ソトアヤム　065

Dish 15 ［アジア編］｜インド

タンドリーチキン

タンドリーチキンとは？
ヨーグルトとスパイスに漬けこんだ鶏肉を
タンドール釜で焼き上げたインド料理。

作り方　[所要時間｜約30分＋漬けこむ時間6時間]

1 … 鶏肉は皮と余分な脂肪を取り、半分に切る。筋を切るように縦に4〜5本切り込みを入れ、さらに包丁の先で数カ所刺して穴を開ける。

2 … ボウルに **A** を入れて混ぜ合わせ、鶏肉を加える。ラップをして冷蔵庫で3時間ほど（できれば一晩）おく。

3 … 別のボウルに **B** を入れて混ぜ、サラダ油を加えてさらに混ぜる。**2** の鶏肉を加えてよくもみこむ。ラップをして冷蔵庫で3時間ほどおく。

4 … フライパンを中火で熱し、鶏肉を焼く。焼き色がついたら返し、両面にこんがりと焼き色がついたら、蓋をして弱火でさらに5分ほど蒸し焼きにする。

材料　[4人分]

鶏もも肉 … 2枚（約500g）

A
酢 … 100ml
しょうがのすりおろし … 1片分
にんにくのすりおろし … 1片分
チリパウダー … 小さじ1
塩 … 大さじ1/2

B
プレーンヨーグルト … 大さじ4
しょうがのすりおろし … 1/2片分
にんにくのすりおろし … 1/2片分
ナツメグ … 小さじ2
ターメリック … 小さじ1
カルダモンパウダー … 小さじ1
クミンパウダー … 大さじ1と1/2
チリパウダー … 小さじ1
メースパウダー（あれば） … 小さじ2
塩、こしょう … 各少々

サラダ油 … 100ml

作り方のポイント
220〜230℃に熱したオーブンで15〜20分焼くと、よりジューシーに仕上がる。

India. Tandoori chicken

Info

シェフ｜ダルサンさん
お店｜オールドデリー 芝公園店
住所｜東京都港区芝公園2-9-3 港ビル1F
TEL｜03-3433-0541
営業時間｜月-金 11:00-15:00 17:30- 土 11:00-14:30 日・祝休

本格インド料理はもちろん、様々な種類のお酒、スパイスを使った豊富なおつまみが楽しめる。

宮崎
スパイスには長く漬けこんだほうがいいんですか?

宮崎｜タンドリーチキンはレストランで食べたことしかありませんでしたが、フライパンでこんなに簡単に作ることができるんですね。
シェフ｜本当はタンドール釜で焼くんですよ。今日は特別に、家庭でも作れるレシピを考えました。
宮崎｜「絶対美味しいだろうな」と思いながら作っていましたが、本当に美味しいです。
シェフ｜よければ、スパイスに漬けてすぐ焼いたチキンと、4時間漬けこんだチキン、タンドール釜で焼いたチキンを食べ比べてみてください。

宮崎｜あれ？ 全然味が違いますね。すぐ焼いたものより4時間漬けたもののほうが香ばしくて美味しいです。タンドール釜で焼いたものは最高ですね。
シェフ｜漬けこむ時間が長ければ長いほど美味しくなるし、早く焼き上がるんですよ。2～3日漬けても大丈夫。
宮崎｜そのあとの工程も焼くだけなので、キャンプやバーベキューに持っていくのもいいですね！
シェフ｜確かにピッタリですね。シーフードで作っても美味しいですよ。

宮崎｜ところで、インドの方はカレーを毎日食べるって本当ですか？
シェフ｜ええ、3食カレーです。塩、こしょうだけの味付けは存在しなくて、全部スパイスを使って料理します。
宮崎｜自分の中でスパイスを使った料理を作るのはハードルが高いんです。
シェフ｜塩、こしょうと同じ感覚で使えばいいんですよ。ターメリック、クミン、チリパウダーさえあれば、美味しい料理ができますから。

シェフ
漬けこむ時間が長ければ長いほど美味しくなるし、早く焼き上がるんですよ。2～3日漬けても大丈夫。

インド｜タンドリーチキン　069

Dish 16 ［アジア編］｜中国

五目チャーハン

チャーハンとは?
炊いた米と卵などの具材を、油で炒めた中華料理。

作り方 [所要時間｜約30分]

1 … えびは背わたがあれば取り、熱湯でさっとゆでる。ご飯は軽くほぐす。卵は割りほぐす。長ねぎはみじん切りにする。万能ねぎは小口切りにする。焼き豚は5mm角に切る。レタスは軸を取り、3cm幅に切って水けをきる。

2 … 中華鍋は最初にしっかりと強火で熱する。煙が立つくらいになったら、サラダ油大さじ2（分量外）を入れて全体になじませてから、取り出す。火を強めの中火にし、分量のサラダ油を入れる。おたまなどで混ぜながら熱し、再び煙が立つくらいになったら、卵を入れてさっと混ぜ、すぐにご飯を加えてほぐすように炒める。

3 … 塩を加え、ご飯がパラリとするまで炒めたら、長ねぎ、万能ねぎ、焼き豚を入れてさっと炒める。オイスターソースとこしょうを加えてさらによく炒める。

4 … 1のえびを入れる。しょうゆを加えて全体を混ぜるように炒め、レタスを加えてさっと混ぜる。強火にして全体をさっと炒める。

材料 [1人分]

むきえび … 4尾
ご飯 … 200g
卵 … 3個
長ねぎ … 1/4本
万能ねぎ … 1/8束
市販の焼き豚 … 1枚
レタス … 1枚
サラダ油 … 大さじ1
塩 … 2つまみ
オイスターソース … 少々
こしょう … 少々
しょうゆ … 小さじ2/3

作り方のポイント
ご飯はかために炊いたほうがパラパラに仕上がる。
焼き豚の代わりにハムやひき肉でも。

China, Mixed fried rice

Info

シェフ｜唐 朱興さん
お店｜SILIN 火龍園
住所｜東京都港区赤坂9-7-4
東京ミッドタウン ガレリアガーデンテラス2F
TEL｜03-5413-0088
営業時間｜11:00-14:30 L.O.（土日祝は15:00 L.O.）
17:00-22:00 L.O.　第1・第3火休（4月第1、12月を除く）
モダンな広東料理を100種類以上のワインと、東京ミッドタウンからの景観とともに楽しめる。

宮崎｜
どうしたら
お店のような
パラパラの
チャーハンが
作れますか？

宮﨑｜自宅でチャーハンを作ると、どうしてもベタッとしてしまうんです。
シェフ｜中国の米と違って、日本の米は粘り気が多いからですね。
宮﨑｜どうしたらお店でいただくようなパラパラのチャーハンが作れるでしょうか？
シェフ｜まず、鉄の中華鍋かフライパンを用意すること。テフロン加工のフライパンでは私もうまく作れません（笑）。そして、鍋から煙が出るまでしっかり温めてから卵とご飯を入れること。あとは根気よく炒めれば大丈夫です。
宮﨑｜短時間で炒めなくてもいいんですね。冷えたご飯を使ったほうがいいですか？
シェフ｜どちらでも大丈夫ですが、炊きたてご飯のほうが炒めやすいですよ。
宮﨑｜……でき上がりました。（味見して）美味しい！生まれてはじめてのパラパラのチャーハンです（笑）。
シェフ｜上手ですね。同じように作れば家庭用のコンロでも再現できますよ。
宮﨑｜今日の具材は中国でもよく食べられるんですか？
シェフ｜五目チャーハンの具としてもっともスタンダードなものです。他には、牛肉とレタス、カニ、高菜、あんかけチャーハンが人気ですね。
宮﨑｜日本の家庭のように、中国の家庭でもよく食べる料理なんですか？
シェフ｜週に一、二回は食べます。漬物もよく合うので、野沢菜、ザーサイ、たくあんなどを入れても美味しいですよ。いかの塩辛や鮭もオススメです。
宮﨑｜いろんな具材を入れて挑戦してみます！

シェフ

鉄の中華鍋かフライパンを用意して、
鍋から煙が出るまでしっかり温めてから
卵とご飯を入れるのがポイントです。

中国｜五目チャーハン　073

Dish 17 ［オセアニア］｜ニュージーランド

フィッシュ＆クマラチップス

クマラチップスとは？
ニュージーランドでとれるさつまいもによく似た芋を
棒状に切って揚げたもの。好みのディップをつけて食べる。

作り方　[所要時間｜約40分]

1 … さつまいもはよく洗い、皮つきのまま6cm長さ、1cm角の棒状に切る。水にさっとさらす。

2 … かさごは皮を取り、食べやすい大きさに切る。ペーパータオルで水けをしっかり拭く。

3 … ボウルにディップの材料を入れてよく混ぜる。

4 … 別のボウルにころもの材料をすべて入れ、ビールの泡を包み込むようにやさしくしっかり混ぜ合わせる。冷蔵庫に入れて冷やしておく。

5 … 1のさつまいもの水けをペーパータオルでしっかり拭く。揚げ油を180℃に熱し、さつまいもを入れる。気泡が細かくなるまで5分ほど揚げる。油をしっかりきり、さらに別のボウルに入れて塩をふって軽く混ぜる。

6 … 2のかさごの両面に塩、こしょうをふり、片面にガーリックパウダーをふる。全体に小麦粉を軽くまぶす。揚げ油を180℃に熱し、かさごを4のころもにくぐらせて入れる。気泡が細かくなるまで3分ほど揚げて、油をきる。

7 … 器に5と6を盛り合わせる。5に3のディップをのせ、チリソースをかける。レモンやセルフィーユなどを添える。

材料　[1人分]

フィッシュ
かさごの切り身（たらなどの白身魚でも可）… 1切れ（約150g）
塩、こしょう、ガーリックパウダー、小麦粉 … 各適量

ころも
片栗粉 … 大さじ2
上新粉 … 大さじ2と2/3
強力粉 … 大さじ1
ベーキングパウダー … 少々
塩 … 少々
ビール … 1/4カップ

クマラチップス
さつまいも … 1本（約150g）
塩 … 少々

ディップ
サワークリーム … 150g
にんにくのすりおろし … 少々
塩 … 少々
こしょう … 少々
レモン汁 … 小さじ1
パセリのみじん切り … 大さじ1

揚げ油 … 適量
スイートチリソース … 適量
レモンのくし形切り、セルフィーユ … 好みの量

作り方のポイント
さつまいもは棒状にするのが定番だが、薄切りだと火の通りが早く、食感も変化してオススメ。

New Zealand,
Fish & Kumara chips

宮﨑

サワークリームとスイートチリソース、この組み合わせが衝撃的でした。

—— クマラチップスは宮﨑さんにとって忘れられない一品ということで、今日作り方を教えていただきました。久しぶりに食べてみていかがでしたか。口に入れた瞬間、笑みがこぼれていましたね。

宮﨑｜「ああ〜、この味だ！」って数年ぶりに思い出して、思わず笑っちゃいました。日本では同じような味のものを食べたことがないから、ニュージーランドの街の記憶もよみがえってきました。

—— ニュージーランドではとてもポピュラーな料理で、レストランやハンバーガーショップなどいたるところで食べられるそうですけど、どんな思い出がありますか？

宮﨑｜CMの撮影でニュージーランドに行ったとき、泊まっていたホテルではじめて食べたんですけど、上にのっかっているサワークリームとスイートチリソースの組み合わせが衝撃的で。チリソースは、それを食べたいがために生春巻きを作るぐらい好きなんですけど、そこに同じくらい大好きなサワークリームとサツマイモを混ぜると、「なんじゃこりゃ⁉」という味になって（笑）。好きなものが集まっても100点になるわけじゃないんだな、だけど100点だよ、みたいな不思議な料理なんです。ニュージーランドに滞在中、癖になってしまって、「明日も食べたい」「明後日も食べたい」って、毎日食べていました。

—— 今日、自分で作ってみてどうでしたか？

宮﨑｜日常のお料理の延長で作れそうだなと思ったので、早く家でも作って友達に食べてもらいたいです。「なんだこれ？」っていう、この独特な感覚を味わってもらいたいです。

Info

シェフ｜箸本祐治さん
お店｜Newzea Platform
住所｜東京都渋谷区神山町42-3 3F・4F
TEL｜03-5790-9445
営業時間｜12:00-15:00 18:00-25:00 不定休
ニュージーランド産食材を使った料理とニュージーランドワインを味わえる。

ニュージーランド｜フィッシュ＆クマラチップス　077

世界のレシピ
北中南米編
America

アメリカ｜クラムチャウダー
カナダ｜エッグベネディクト
ハワイ｜ポキ丼
メキシコ｜チキンタコス＆アボカドディップ
キューバ｜アヒ・レレーノ
ペルー｜白身魚のセビチェ
ブラジル｜ポンデケージョ
アルゼンチン｜牛肉のエンパナーダ
パラグアイ｜牛肉のマリネーラ

Dish 18 ［北中南米編］｜アメリカ

クラムチャウダー

クラムチャウダーとは？
アメリカ・ニューイングランド生まれの
二枚貝を使ったチャウダー（スープ）料理。

作り方 [所要時間｜約30分]

1 … にんじんは 1cm 角に切る。じゃがいもは 1.5cm 角に切る。玉ねぎ、セロリは 1cm 四方に切る。にんにくはみじん切りにし、オリーブオイルと混ぜる。オーシャンクラムは汁と身に分けておく。ホワイトソースは小さめの鍋に入れ、中火で熱する。

2 … 別の鍋にバターを入れ、中火で熱する。バターが溶ける直前ににんにくを入れ、塩ひとつまみを加えて炒める。にんじん、玉ねぎ、セロリを加え、玉ねぎが透明になるまでさらに5分ほど炒める。

3 … タイム、ローリエを入れる。1 で温めたホワイトソースを加え、よく混ぜる。

4 … 水 300ml、オーシャンクラムの汁、じゃがいもを加えてよく混ぜる。アクを取りながら、ひと煮立ちしてから 10 分ほど煮込む。A のベーコンを 1cm 幅に切って炒める。

5 … オーシャンクラムの身、生クリームを加えてひと煮立ちさせる。

6 … 塩小さじ1と1/2、黒こしょう、牛乳を入れて味をととのえる。器に盛り、4 のベーコン、A のクルトンとパセリを散らし、オリーブオイルをかける。

材料 [4〜5人分]

にんじん … 1本
じゃがいも … 2個
玉ねぎ … 1個
セロリ … 1本
にんにく … 1片
オーシャンクラム缶詰 (425g) … 1缶
ホワイトソース缶詰 … 500g
バター … 25g
生クリーム … 75ml
牛乳 … 40ml
タイム (乾燥) … 少々
ローリエ … 1枚
塩 … 小さじ2
黒こしょう … 少々
オリーブオイル … 小さじ1/2

A
ベーコン … 1枚
クルトン、イタリアンパセリのみじん切り、オリーブオイル (エキストラバージン) … 各適量

作り方のポイント
玉ねぎをしっかり炒めるとうまみが出る。
じゃがいもは後から加えてほくほく感を出す。

America, Clam chowder

Info
シェフ｜金川征人さん
お店｜CRISTA
住所｜東京都渋谷区渋谷 1-2-5
TEL｜03-6418-0077
営業時間｜月〜金 11:30-14:00 L.O. 17:30-22:00 L.O.
土 11:00-22:00 L.O. 日・祝 11:00-21:00 L.O.
トラディショナルアメリカンをベースにしたグリル料理が楽しめる。上質なムード漂う店内は、取材時からリニューアルし、さらに寛ぎの空間に。

宮﨑
貝やタイムの
味が効いているし
さらっとしていて
美味しいです。

宮﨑｜スープがもっとドロドロしているかと思ったのですが、意外とさらっとしているんですね。貝やタイムの味が効いているし、じゃがいもがほくほくしていてとっても美味しいです。
シェフ｜ドロドロのスープだと野菜やクルトンの食感が消えてしまうので、ほどほどのとろみなんです。
宮﨑｜クリームシチューはよく家庭で食べていましたが、クラムチャウダーを家で作るというイメージがなかったです。
シェフ｜ポイントさえ押さえれば簡単ですよ。火の入り方を均一にするために具材の大きさを揃える。野菜のうまみを出すために、炒める前に塩をうつ。煮込み料理なので火加減はあまり気にしなくて大丈夫です。
宮﨑｜貝はなんでもいいんですか？
シェフ｜「クラム」とは二枚貝のことなので、しじみ、あさり、はまぐり、なんでもいいです。野菜もにんじん、玉ねぎ、セロリで十分味が出るので、他の野菜はお好みで追加するといいですよ。
宮﨑｜今日はクラムチャウダーがアメリカ料理だということを知って驚きました。そういえばサンフランシスコに行ったときに食べたような気が……。
シェフ｜イギリス系の移民が作った、ニューイングランド生まれの歴史あるスープなんです。現地ではメインの前に前菜として食べることが多いんですよ。
宮﨑｜すごく美味しいので、これからは家でも積極的に作りたいと思います。
シェフ｜前日に作って次の日の朝に食べるのが一番美味しいですよ。
宮﨑｜朝食にもぴったりですね。

シェフ
具材の大きさを揃えたり、
野菜を炒める前に塩をうったり、
ポイントさえ押さえれば簡単ですよ。

アメリカ｜クラムチャウダー　　083

Dish 19 ［北中南米編］｜カナダ

エッグベネディクト

エッグベネディクトとは？
イングリッシュマフィンの上に、ハム、ポーチドエッグ、オランデーズソースをのせた北米料理。

作り方 [所要時間｜約20分]

1 … オランデーズソースを作る。小さめのフライパンに水、ホワイトビネガーを入れて強火で熱し、1/2量ほどになるまで煮つめる。

2 … バターは耐熱容器に入れてラップをし、電子レンジ（600W）に50秒～1分かけて溶かしバターにする。

3 … 大きめのボウルに卵黄を入れて泡立て器でよく混ぜる。湯せん（60～70℃）にかけ、**1**を少しずつ入れながらさらによく混ぜる。さらに**2**の溶かしバターを少しずつ入れながらよく混ぜ、レモン汁、塩、こしょうを加えて味をととのえる。

4 … ポーチドエッグを作る。大きめの鍋に水1ℓを入れて沸かし、酢を入れて混ぜる。弱火にし、卵を静かに割り入れ、2分ほどゆでる。途中でほうれん草を加えてさっとゆでる。どちらもペーパータオルの上にとり、水けをきる。

5 … マフィンは厚みを半分に切ってトーストする。ベーコンはフライパンで焼く。

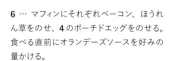

6 … マフィンにそれぞれベーコン、ほうれん草をのせ、**4**のポーチドエッグをのせる。食べる直前にオランデーズソースを好みの量かける。

材料 [1人分]

イングリッシュマフィン … 1個
ベーコン … 1枚
ほうれん草 … 1株

ポーチドエッグ
卵 … 2個
酢 … 50ml

オランデーズソース（作りやすい分量）
卵黄 … 2個分
水 … 大さじ1
ホワイトビネガー … 大さじ1
バター … 140g
レモン汁 … 適量
塩、こしょう … 各適量

作り方のポイント
ポーチドエッグは卵を直接割り入れるのが難しければ、事前に器に割ってから鍋に入れると綺麗に仕上がる。

Canada,
Eggs Benedict

宮﨑

> 調理の工程は
> シンプルですが、
> 丁寧に作らないと
> 失敗しちゃいそう。

宮﨑｜エッグベネディクトはこれまで一度しか食べたことがなかったんですが、改めて食べてみると、卵の黄身がとろんとしていて美味しいですね。カナダでは家庭料理として食べられているんですか？
シェフ｜朝食で食べることが多いのですが、朝食の定番であるオムレツやスクランブルエッグに比べると調理に手間がかかるので、北米のおしゃれな人たちがお店で食べている料理ですね。
宮﨑｜確かに、料理の工程はシンプルですが、丁寧に作らないと失敗しちゃいそうです。家で作るときはどこに気をつければいいですか？
シェフ｜ポーチドエッグを作るとき、時間をきっちり計ること。そして、オランデーズソースは分離しやすいので、素早く混ぜることですね。
宮﨑｜やっぱりポーチドエッグの半熟具合と、オランデーズソースの味が美味しさの決め手なんですね。
シェフ｜その二つさえちゃんと作ることができれば、いくらでもアレンジできますよ。今日作ったエッグベネディクトはスタンダードな具材ですが、アスパラ、なすのグリル、スモークサーモン、ローストオニオンなどを入れても美味しいです。イングリッシュマフィンの代わりに、バゲットや食パンで作ってもいいんです。
宮﨑｜それは楽しいですね。
シェフ｜宮﨑さんが理想のエッグベネディクトを作るなら？
宮﨑｜「ベーコンとアボカドに、オランデーズソース多め」ですね（笑）。早速家で作ってみます！

シェフ

> ポーチドエッグを作るときは
> 時間をきっちり計ること。
> 分離しやすいオランデーズソースは
> 素早く混ぜるといいですよ。

シェフ｜大谷真実さん

Dish 20 ［北中南米編］｜ハワイ

ポキ丼

ポキとは？
生の魚介類の切り身などに調味料をあえたハワイの伝統料理。
ご飯にのせてどんぶりにするのもポピュラー。

作り方 [所要時間 / 約20分]

1 … 小さな鍋にたれの材料を入れ、弱火で熱する。とろみがついたらボウルにあけて冷ます。オゴがあれば、袋の表示通りに水につけて戻す。

2 … まぐろは1.5cm角に切る。アボカドは2cm角に切る。玉ねぎはみじん切り、万能ねぎは小口切りにする。

3 … 1のたれにまぐろ、玉ねぎ、万能ねぎ、オゴを入れて混ぜる。塩を加えて味をととのえる。

4 … 器に盛ったご飯にレタスを食べやすい大きさにちぎってのせる。3のまぐろとアボカドをのせる。

材料 [2人分]

まぐろの刺身 … 200g
アボカド … 1/4個
玉ねぎ … 1/4個
万能ねぎ … 2本
塩 … 少々
温かいご飯 … どんぶり2杯分（約400g）
レタス … 4枚
オゴ（海藻、あれば）… 適量

たれ
しょうゆ … 大さじ1
ごま油 … 小さじ1
砂糖 … 小さじ1
みりん … 小さじ2
片栗粉 … 少々

作り方のポイント
アボカドはたれと混ぜずに盛り付けるときれい。食べるときによく混ぜて味をなじませる。

Hawaii, Poke bowl

宮﨑
ハワイでは まぐろは昔から よく食べられている 魚なんですか？

宮﨑｜ハワイではまぐろは昔からよく食べられている魚なんですか？
シェフ｜ええ。「ハワイに行ったらまぐろを食べろ」と言われるぐらい。近海でとれるので、冷凍ではなく新鮮な状態で食べられるんです。
宮﨑｜生の魚を食べるのもめずらしいですよね。お米も食べるし、食文化が日本と近いのでしょうか。
シェフ｜ハワイには日系人がとても多いので、その影響は大きいと思います。
宮﨑｜今日教えていただいたポキは、家庭でも作るんですか？
シェフ｜はい。私はオアフ島の田舎で生まれ育ちましたが、友達や親戚が集まると、たくさんポキを作ってみんなでつまんだりします。ハワイでは本当におなじみの料理なので、ポキ専門のレストランもあるし、スーパーに行くといろんな種類のポキを量り売りしています。たこ、サーモン、枝豆、かにかま……豆腐のポキもあります。
宮﨑｜えーっ。食材は魚じゃなくてもいいんですね。では、何をもって「ポキ」と言うんですか？
シェフ｜言葉の本来の意味は「角切り」「ダイス」。でも「(調味料を)あえてある」が一番伝わりやすいかな。
宮﨑｜まぐろとアボカドとごま油としょうゆを混ぜた料理を家でよく作りますが、それもポキなんですね。
シェフ｜次はアレンジしてみてください。マヨネーズとごま油と唐辛子パウダーを混ぜたソースも合うし、マカダミアナッツを砕いて入れても美味しいですよ。
宮﨑｜挑戦してみます！

シェフ
「ハワイに行ったらまぐろを食べろ」と 言われるぐらいです。たこ、サーモン、 枝豆、かにかま……豆腐のポキもあります。

シェフ｜ユリーさん

ハワイ｜ポキ丼　091

Dish 21 ［北中南米編］｜メキシコ

チキンタコス＆アボカドディップ

タコスとは？
とうもろこし粉が原料のトルティーヤで、いろいろな具を包んで食べる
メキシコの国民食。家庭によっておふくろの味がある。

作り方 ［所要時間｜約30分］

1 … マサに水100mlを少しずつ加えながら、よくこねる。ひとまとまりになり、耳たぶほどのかたさになったら、4等分にして丸める。それぞれをめん棒で1mm厚さに円形にのばす。

2 … 鶏肉は一口大に切る。玉ねぎは縦薄切りにする。香菜はみじん切りにする。

3 … フライパンを熱し、中火で1を焼く。焼き色がついたら、裏返して焼く。

5 … アボカドディップを作る。アボカドは包丁で縦にぐるりと切り目を入れ、両手でひねって半分に割り、種を取り除く。果肉をスプーンですくって2cm角に切る。玉ねぎと香菜はみじん切りにする。青唐辛子は種を取り除き、小口切りにする。

6 … 別のボウルにアボカド、玉ねぎ、香菜、青唐辛子を入れ、塩を加える。ライムを搾り入れる。フォークでアボカドを粗くつぶしながら全体を混ぜ合わせる。

4 … ボウルにAの調味料を入れて混ぜ、鶏肉を加えてよく混ぜる。フライパンにサラダ油を入れて熱し、鶏肉を入れて強めの中火で焼く。鶏肉に火が通ったら、玉ねぎを加えてさらに焼く。

7 … 3の生地に4をのせて器に盛り、サルサソースを添える。別の器に6を盛り、好みで赤パプリカをみじん切りにしてのせ、コーンチップスを添える。

材料 ［2人分］

チキンタコス
マサ（とうもろこし粉、なければコーンフラワー）… 100g
鶏胸肉 … 1枚（約250g）
A
　塩、こしょう … 各少々
　レモン汁 … 小さじ1/2
　ウスターソース … 大さじ1/2
　シーズニングソース … 大さじ1/2
玉ねぎ … 1/4個
香菜 … 適量
サラダ油 … 大さじ2
サルサソース（市販でも可）… 適量

アボカドディップ
アボカド … 2個
玉ねぎ … 1/4個
香菜 … 1束
青唐辛子 … 1/2～1本
塩 … 少々
ライム … 1/2個

パプリカ（赤、好みで）… 適量
コーンチップス … 適量

作り方のポイント
タコスの生地は、フライ返しで押さえるようにして焼くとふくらまずに仕上がる。
アボカドディップはアボカドの果肉のかたまりを少し残したほうが美味しい。

Mexico, Chicken tacos & Avocado dip

Info
シェフ｜リカルドさん
お店｜フォンダ・デ・ラ・マドゥルガーダ
住所｜東京都渋谷区神宮前2-33-12 ビラビアンカB1
TEL｜03-5410-6288
営業時間｜日・木 17:30-26:00　金・土 17:30-29:00　無休
生のラテン音楽と本格メキシコ料理が楽しめる。

> 宮﨑
>
> 家で作るときは
> ホットプレートで
> みんなで作っても
> 楽しそうです。

宮﨑｜メキシコには10年ぐらい前に行ったことがあります。ドライバーのおじさんと仲良くなって「ケ・セラ・セラ」が入っているCDをもらいました。メキシコがすごく好きになったので、日本に帰ってからスペイン語も習ったんです。3カ月ぐらいですけど。

シェフ｜さっきもスペイン語を喋られていましたよね。

宮﨑｜「グラシアス」だけです（笑）。今日レシピを教えていただいたトルティーヤは現地では主食なんですか？

シェフ｜ご飯みたいなものですね。家では作り置きしておいて、ディップをつけたりいろいろな具を包んだりして食べます。どこの家庭にもボックスケースがあって、トルティーヤを入れて保存しておくんですよ。

宮﨑｜今日は「マサ」というとうもろこしの粉でトルティーヤを作るところから教わりましたが、思ったよりも工程がシンプルでした。家ではホットプレートでみんなで焼きながら作っても楽しそうですよね。プレス機がなくても、めん棒でのばせば大丈夫ですか？

シェフ｜大丈夫です。生地が薄いと香ばしさが出るし、厚いとしっかり食べごたえがあるものになるので、お好みで調整するといいですよ。

シェフ｜私は薄めが好きですね。

シェフ｜慣れてきたらソースをアレンジするのもいいと思います。後は香菜で香りを加えて。

宮﨑｜香菜をたくさん使っていたのも意外だったので、いろいろアレンジしてみたいと思います。

> シェフ
>
> 生地が薄いと香ばしさが出るし、
> 厚いとしっかり食べごたえがあるので、
> 好みで調整するといいですよ。

メキシコ｜チキンタコス＆アボカドディップ　095

Dish 22 ［北中南米編］| キューバ

アヒ・レレーノ

アヒ・レレーノとは？
ひき肉を炒めて煮たピカディージョ、コングリという豆ご飯、
チーズをパプリカに詰めて温めたキューバ風グラタン。

作り方 [所要時間｜約90分]

1 … コングリを作る。米はといでざるに上げ、室温で30分ほどおく。玉ねぎ、ピーマン、にんにくはみじん切りにする。

2 … フライパンにオリーブオイルを入れて中火で熱し、にんにく、玉ねぎ、ピーマンを順に入れて3分ほど炒める。クミン、塩、こしょうを加えてさらに3分ほど炒める。

3 … 炊飯器の内がまに米、黒豆（煮汁も入れる）、2を入れて混ぜ、水を1合の目盛りまで注いで炊く。

4 … ピカディージョを作る。玉ねぎ、ピーマン、にんにくはみじん切りにする。

5 … フライパンにオリーブオイルを入れて中火で熱し、4を入れて炒める。油がまわったらひき肉を入れ、しょうゆ、酢、塩、こしょう、クミン、オレガノを加えて肉がほぐれるまで炒める。

6 … ホールトマトを加えて15分ほど煮る。オリーブを加えてさらに10分ほど煮る。

7 … パプリカはヘタごと上部を厚めに切り（上部は取っておく）、種とわたを取り出す（立てて安定が悪ければ、底も少し切る）。

8 … 7を耐熱の器に立て、1/2の深さまで3のコングリを入れてぎゅっと詰める。さらに6のピカディージョを上1cmほど開けて入れ、ぎゅっと詰める。チーズをのせ、さらにパプリカの上部をのせてぎゅっと押さえる。

9 … そのまま電子レンジ（600W）で3分ほど加熱する。器に盛り、レタス、トマト、フライドポテト、トマトケチャップを好みで添える。

材料 [2人分]

パプリカ（赤）… 2個
ピザ用チーズ … 60g
レタス、トマト、フライドポテト、
トマトケチャップ（好みで）… 適量

コングリ（豆ご飯）
米 … 1合
市販の黒豆の水煮 … 80g
玉ねぎ … 1/4個
ピーマン … 1/2個
にんにく … 1片
クミン … 小さじ1
塩、こしょう … 各少々
オリーブオイル … 大さじ1

ピカディージョ（炒め煮）
豚ひき肉 … 300g
玉ねぎ … 1/2個
ピーマン … 1個
にんにく … 1片
ホールトマト缶詰 … 120g
黒オリーブ … 40g
しょうゆ、酢 … 各小さじ1
塩、こしょう … 各少々
クミン、オレガノ … 適量
オリーブオイル … 大さじ1

作り方のポイント
パプリカに詰める際は、スプーンなどで上からぎゅっと押し込むようにするとよい。

Cuba. Aji relleno

Info

シェフ｜ロベルトさん
お店｜Mojito Terrace Lounge AHINAMA
住所｜東京都港区赤坂4-2-5 ヤブタビル6F
TEL｜03-6874-4200
営業時間｜火-金 19:00-24:00 土・月・祝休

キューバ出身のオーナーがプロデュースした、本格キューバ料理と本場モヒートが楽しめる。

宮﨑
見た目も可愛いし
パプリカの蓋を
開ける瞬間に
嬉しくなりますね。

宮﨑｜キューバ料理はあまりなじみがなかったのですが、この料理は見た目も可愛いし、パプリカの蓋を開ける瞬間に嬉しくなりますね。いろいろな味がミックスされていて美味しかったです。
シェフ｜中に入っているピカディージョ（ひき肉の炒め煮）は、キューバでよく食べられている料理なんです。
宮﨑｜キューバ料理にはどんな特徴がありますか？
シェフ｜まず、お米が主食。日本よりも水分が少なめなご飯の上に、ピカディージョをかけて食べるのが人気です。お肉も大好きで、豚肉やチキンをよく食べます。
宮﨑｜アヒ・レレーノを切ったときに中のご飯が崩れなくてびっくりしました。これは、パプリカの中に詰めるときに押しつけたからですか？
シェフ｜その通り。スプーンでぎゅうぎゅうに入れるといいですよ。
宮﨑｜オーブンではなく電子レンジで作ったほうがいい理由は何ですか？
シェフ｜昔はキューバの家庭にもオーブンがあったけど、今は電子レンジしかない家がほとんどですからね。それにアヒ・レレーノで一番大事なのはトロッと溶けたチーズ。オーブンだとパプリカが焦げてしまう可能性があります。
宮﨑｜中に詰める具材に既に火が通っているから、それ以上に火を入れる必要がないですね。
シェフ｜中身は何を入れてもいいから、アレンジすると楽しいですよ。
宮﨑｜電子レンジだとおうちでも手軽に作れるので、挑戦してみます。

シェフ
具のピカディージョ（ひき肉の炒め煮）は、
キューバでよく食べられている料理なんです。
ご飯の上にかけて食べるのも人気です。

キューバ｜アヒ・レレーノ　099

Dish 23 ［北中南米編］｜ペルー

白身魚のセビチェ

セビチェとは？
生の魚をライムやレモン、香辛料であえたマリネ。
ラテンアメリカでよく食べられるが、ペルーでは国民食。

作り方 [所要時間｜約40分]

1 … さつまいもは皮をむき、1.5cm厚さの輪切りにする。小鍋にオレンジジュースと砂糖を入れ、さつまいもを加えて煮る。チョクロは熱湯で5〜10分ゆでて、包丁で実をそぎ落とす。

2 … にんにくは包丁の腹でつぶす。セロリは手で軽くつぶす。

3 … ボウルにライムを搾り入れる（搾りすぎると、苦みが出るので注意）。にんにく、セロリ、アヒリモ1本を入れ、つけておく。

4 … 玉ねぎは繊維に沿って縦薄切りにする（包丁を少し外側に倒して切るとよい）。さっと水にさらす。香菜は葉を取り、せん切りにする。ひらめは2cm角に切る。アヒリモ1本はへたと種を取り除き、みじん切りにする（アヒリモの汁が手につかないよう、ビニール手袋をするとよい）。

5 … 別のボウルにひらめを入れ、塩（2つまみくらい）をふってよく混ぜる。4のアヒリモ、香菜、水けをきった玉ねぎを順に加え、そのつど混ぜて、しっかり味をなじませる。3の汁だけを加えて全体をあえる。

6 … 器に盛り、1のさつまいもとチョクロを添える。

材料 [2人分]

ひらめの刺し身 … 1さく（約120g）
紫玉ねぎ … 1/2個
香菜 … 1束
ライム … 5〜6個
にんにく … 1片
セロリの茎 … 1/2本
アヒリモ（ペルーの唐辛子）… 2本
さつまいも … 適量
オレンジジュース（果汁100%）… 適量
砂糖 … 適量
チョクロ（ペルー産とうもろこし、あれば）… 適量
塩 … 適量

作り方のポイント
アヒリモやチョクロは専門店やネットで購入可能。
アヒリモは生のハラペーニョでも代用できる。

Peru, Ceviche

Info

シェフ｜バスケスさん
お店｜bépocah（ベポカ）

住所｜東京都渋谷区神宮前2-17-6
TEL｜03-6804-1377
営業時間｜月−金 18:00-24:00 土 17:00-23:30 日休

エキゾチックな空間で本格ペルー料理が味わえる。現在はオーナーシェフのブルーノさんが厨房でふるう。

宮﨑

私の大好きな酸っぱくて辛い味。家で作れたらおしゃれですね。

宮﨑｜今日、生まれてはじめてセビチェを食べました。パッと見ると白身魚のマリネですが、アヒリモ（ペルーの唐辛子）がいい感じで辛いので、一緒にチョクロ（とうもろこし）やさつまいもを食べるとちょうどいいですね。これがないと、辛くてヒーヒー言ってしまうかも（笑）。
シェフ｜酸っぱくて辛い料理なので、いもの甘さで中和させてるんです。オレンジジュースと砂糖で煮ています。
宮﨑｜味のバランスがよくて、すごく美味しかったです。ペルーでは家庭でよく食べる料理なんですか？
シェフ｜ペルー人にとってのセビチェは、日本人にとってのお鮨のようなもの。毎日の食卓には出てこないけど、もっとも国民的な料理です。金曜日の夜、一週間頑張ったご褒美として食べに行ったり、パーティの後に締めとして食べたりします。「セビチェリア」というセビチェ専門店もあるんですよ。
宮﨑｜行ってみたい！ こんな料理が家で作れたらおしゃれですよね。
シェフ｜今日のレシピは、もっとも伝統的でベーシックな作り方です。白身魚を使うのが一般的ですが、生であれば違う魚を使ってみてもいいし、ペースト状の唐辛子を使ってみてもいい。いろいろアレンジしてみてください。
宮﨑｜作り置きはできますか？
シェフ｜セビチェは、作ってすぐに食べるのが一番美味しい料理。ライムをたっぷり搾って、ぜひ、新鮮なうちに召し上がってください。
宮﨑｜私の大好きな「酸っぱくて辛い」料理なので、早速挑戦してみます！

シェフ

作ってすぐに食べるのが一番美味しい。ライムをたっぷり搾って、新鮮なうちに召し上がってください。

ペルー｜白身魚のセビチェ

Dish 24 ［北中南米編］｜ブラジル

ポンデケージョ

ポンデケージョとは？
モチモチした食感が特徴の、ポルトガル語で
「チーズパン」という意味を持つブラジル料理。

作り方 [所要時間｜約40分]

1 … **A**の材料をフードプロセッサーにかけて細かくし、冷蔵庫に入れて冷やす。

2 … 鍋に**B**の材料を入れて弱火にかけ、卵がかたまらないように泡立て器でよく混ぜる。バターが溶けたら火を止める（沸騰させないように）。

3 … 大きめのボウルに氷を入れ、そこにひとまわり小さいボウルを重ねる。小さいボウルにキャッサバ粉と2を入れ、ゴムベラで手早く混ぜる。粗熱がとれたら1を入れてなめらかになるまで手でよくこねる。

4 … 3を約20gずつに丸める（好みでモッツァレラチーズやグアバジャムを入れる）。手の温度で生地が温かくなっていたら、ラップをして冷蔵庫に入れて冷やす。

5 … 4をオーブンペーパーを敷いた天板に並べ、175℃に予熱したオーブンで13〜15分焼く。

材料 [約130個（作りやすい分量）]

キャッサバ粉（タピオカ粉）… 1kg

A
ミックスチーズ（市販のピザ用）… 400g
チェダーチーズ … 200g
パルメザンチーズ … 200g

B
牛乳 … 2カップ
バターオイル … 150ml
バター … 50g
溶き卵 … 5個分
塩 … 10g

モッツァレラチーズ（好みで）… 適量
グアバジャム（好みで）… 適量

作り方のポイント
モチモチ感を出すにはキャッサバ粉を使うのが最適。
菓子材料店やネットで購入可能。

Brazil, Pão de queijo

Info
シェフ｜ルチさん
お店｜シュハスカリア キポン
住所｜東京都台東区西浅草2-15-13 B1F
TEL｜03-5826-1538
営業時間｜11:30-15:00（土・日・祝のみ）17:00-23:00　無休
種類豊富な焼き立てシュハスコや、ブラジル料理のバイキングが食べ放題で楽しめる。

宮﨑
焼き上がりが ぺちゃんこに……本当は真ん丸ですよね？

シェフ｜今日はスタンダードなポンデケージョの他に、チーズ入り、グアバジャム入りのものも作ってみました。
宮﨑｜まさか3種類も食べられるとは思いませんでした。でも、焼き上がりがなんだか平べったくなってしまって……。本当は真ん丸ですよね？
シェフ｜そうですね（笑）。
宮﨑｜ぺちゃんこだけど、まわりがサクサクのクッキーみたいで美味しかったです。これはこれで、いいところもあります！（笑）

シェフ｜家で作るときは、生地をこねた後、冷蔵庫でよく冷やしてから焼くと失敗しないと思いますよ。
宮﨑｜ブラジルの方はよく食べる料理なんですか？
シェフ｜朝ご飯やおやつでよく食べるし、家庭でも子どもたちと一緒に作ったりします。ポンデケージョ専門店もありますね。
宮﨑｜中に具が入っているものもポピュラーですか？
シェフ｜そうですね。チョコやソーセージを入れても美味しいですし、生地を大きめに焼いて、半分に切って、サンドイッチみたいにして食べることもあるんですよ。
宮﨑｜想像しただけで美味しそうです。
シェフ｜焼く前の生地を丸めた状態で冷凍保存できるので、たくさん作っておいてもいいですね。
宮﨑｜お客様に出すぶんだけ焼けばいいから、おもてなしにぴったりですね。
シェフ｜13〜15分オーブンで焼けば、できあがりです。
宮﨑｜次は丸く焼き上げてみせます！

シェフ
家で作るときは、生地をこねた後、冷蔵庫でよく冷やしてから焼くと失敗しないと思いますよ。

ブラジル｜ポンデケージョ　107

Dish 25 ［北中南米編］｜アルゼンチン

牛肉のエンパナーダ

エンパナーダとは?
中に牛ひき肉などの具を入れて油で揚げたパン。
アルゼンチンの街ではどこでも食べられる。

作り方 ［所要時間｜約50分+1日］

1 … 生地を作る。ボウルに薄力粉をふるい入れる。塩、こしょうを加える。ぬるま湯を少しずつ入れながら、なめらかになるまでよくこねる。4等分にして丸め、かたくしぼったふきんをかけて冷蔵庫に入れ、1日おく。

2 … 牛肉を粗みじん切りにする。長ねぎ、トマト、パプリカ、にんにくはみじん切りにする。

3 … フライパンにサラダ油を入れて中火で熱し、にんにくを入れる。香りが出てきたら長ねぎとパプリカを加えて炒める。長ねぎが透明になったら牛肉を入れて色が変わるまでさらに炒める。塩、こしょう少々を加えて、弱火にしてさらに炒める。

4 … 煮汁が出てきたら、トマトを入れて強火でさっと炒める。塩、こしょうで味をととのえ、火を止めてそのまま冷ます。

5 … 1の生地を取り出し、めん棒などで厚さ3mmほど、直径12〜15cmの円形にのばす。生地1枚の縁に水をつける。4の1/4量をのせ、空気を入れないように半分に折り、端をとじる。さらに縁を折り畳む。残りも同様に作る。

6 … 揚げ油を中温（170℃）で熱し、5を入れ、薄いきつね色になるまで5分ほど揚げて、油をきる。

材料 ［4個分］

牛ハラミ肉 … 300g
トマト … 1/4個
パプリカ（赤）… 1/4個
長ねぎ … 1本
にんにく … 1片
塩、こしょう … 各適量
サラダ油 … 大さじ2
揚げ油 … 適量

生地

薄力粉 … 250g
ぬるま湯 … 100ml
塩、こしょう … 各少々

作り方のポイント
生地は市販のパイ生地でも代用できる。
少し厚いので薄くのばすとよい。

Argentina,
Empanadas de carne

Info

シェフ｜前浜ディエゴさん
お店｜コスタ ラティーナ 駒場本店
住所｜東京都目黒区駒場 1-16-12
TEL｜03-5465-0404
営業時間｜12:00-15:00（土・日のみ）18:00-28:00　無休

異なるテイストの4フロアからなるリゾートな一軒家で、本格的なラテン料理が楽しめる。

宮﨑

包む作業は
大好きなんです。
皮がサクサクで
美味しいです。

シェフ｜具を包む作業がすごく上手でしたね。うちでバイトしてほしいぐらいです（笑）。
宮﨑｜餃子とか、包んだりするのは大好きなんです。エンパナーダを食べたのははじめてでしたが、まわりがサクサクで、中のお肉は食べごたえがあって、すごく美味しかったです。アルゼンチンではどんなときに食べるんですか？
シェフ｜どのお店にも必ずあって、パンを買いに行く感覚で買って食べたりします。出前もあるし、おやつとしても食べるし、みんな大好きです。

宮﨑｜普通の家庭でもよく作られるんですか？
シェフ｜そうですね。ブエノスアイレスのほうではオーブンで焼いて、田舎では油で揚げるんですよ。
宮﨑｜地方によって作り方が違うんですね。中身の具はいろんな種類があるんですか？
シェフ｜今日作った牛肉のエンパナーダが一番ポピュラーで、あとはチキン。魚もたまにありますね。アルゼンチン人は牛肉のバーベキューを一日一食必ず食べるほど好きなので、牛肉がないと生きていけないんです。

宮﨑｜牛肉が国民食なんですね。私の家でもエンパナーダを作れますか？
シェフ｜生地にはお店では特別に調合した粉を使っていますが、家では薄力粉やパイ生地を使うといいですね。たくさん作って冷凍しておけば、いつでも食べたいぶんだけすぐ食べられますよ。
宮﨑｜それは便利ですね。お友達にふるまう日のために、家でもたくさん包みたいと思います！

シェフ

おやつとしても食べるし、みんな大好き。
たくさん作って冷凍しておけば、
食べたいぶんだけすぐ食べられます。

アルゼンチン｜牛肉のエンパナーダ

Dish 26 ［北中南米編］｜パラグアイ

牛肉のマリネーラ

牛肉のマリネーラとは？
マリネ液につけた牛肉を小麦粉のころもで
包んで焼いたパラグアイの家庭料理。

作り方 ［所要時間｜約20分＋一晩］

1 … 牛肉は厚さ4mmに切る。塩をふって肉たたき（なければ包丁の背など）で両面をたたく。マリネ液の材料を容器に入れて混ぜ、牛肉を入れて蓋をし、冷蔵庫で一晩おく。

2 … ボウルに卵を割り入れ、牛乳、水50mlを入れて混ぜ、小麦粉を少しずつ加えて混ぜ、ころもを作る。

3 … フライパンにサラダ油を入れて中火で熱し、肉1枚をころもにくぐらせて入れ、肉の上にボウルに残ったころもを少量をかけて焼く。ほんのり焼き色がついたら裏返す。ときどき返しながら1〜2分ほど焼く。残りの肉も1枚ずつ同様に焼く。

4 … 器に3を盛り、レモンを添える。好みでサニーレタスやトマトを添える。

材料 ［2人分］

牛ももかたまり肉 … 500g
塩 … 小さじ1/2

マリネ液
酢 … 200ml
にんにく … 1片
塩、こしょう … 各少々

ころも
卵 … 2個
牛乳 … 100ml
小麦粉 … 1/2カップ

サラダ油 … 大さじ2
レモンのくし形切り … 適量
サニーレタス、トマトのくし形切り（好みで）… 各適量

作り方のポイント
ころもはたっぷりからめ、フライパンに入れてからさらにのせると、ふんわり仕上がる。

Paraguay, Marinera de carne

Info

シェフ｜ルイサさん
お店｜レストラン アミーゴ
住所｜東京都港区赤坂2-13-17 シントミ赤坂第2ビル203
TEL｜03-6441-2717
営業時間｜11:00-14:00（月-金のみ）17:00-23:00　無休

パラグアイ出身の家族が経営するレストラン。アットホームな雰囲気で本場の料理が楽しめる。

宮﨑
> マリネしたお肉を
> 焼いた料理は
> はじめてです。
> さっぱりしていて
> 美味しいですね。

宮﨑｜私は酸っぱい味が好きなので、もともとマリネも大好きなんです。でも、マリネしたお肉を焼いた料理ははじめて。さっぱりしていて美味しいので、ペロリと食べちゃいました。パラグアイではどんなときに食べるんですか？
シェフ｜ランチにおうちで食べることが多いですね。火曜日か木曜日に。
宮﨑｜ええっ。曜日によって食べるものが違うんですか？
シェフ｜ランチは決まっているんです。月水金はスープ類。火木はマリネやパスタ。土日は友達や家族と大勢でご飯を食べるので、お肉を焼いたアサード。レストランでも曜日のルールに沿ったメニューです。
宮﨑｜面白いですね。朝ご飯と夜ご飯はどんな料理を食べるんですか？
シェフ｜朝は起きてすぐにチーパ（チーズパン）かトーストをマテ茶と一緒に。そのあと仕事に行って、10時頃にまたエンパナーダ（揚げ餃子）をつまみます。夜ご飯は自由。パラグアイではお肉が国民食なので、今日一緒に作ったマリネーラもみんな大好きですよ。
宮﨑｜工程がシンプルですし、お肉が薄くてすぐに火が通るから、家でも作りやすいですね。
シェフ｜マリネしたお肉を3日ぐらい寝かせてさらに味をしみこませると、本格的な現地の味に近づきますよ。お肉をたたくのも大事。パラグアイの家庭では、切り分けたりしないで、何枚も重ねて食卓に出すことが多いです。
宮﨑｜パンケーキみたいですね（笑）。私も友達に作るとき、何枚も重ねて、どーんとテーブルに置きたいです。

シェフ
> マリネしたお肉を3日ぐらい寝かせて
> さらに味をしみこませると、
> 本格的な現地の味に近づきますよ。

パラグアイ｜牛肉のマリネーラ　115

Special
清水港で鮨を握る

宮崎あおいが学ぶ世界の料理、その特別編として、静岡県・清水港を訪れ、地元の名店・末廣鮨で、和食のオリジナルレシピと、鮨の握り方を教わった。

→ 静岡県のほぼ中央に位置し、駿河湾に面した美しい港、清水港。日本有数のまぐろ水揚げ量を誇り、古くからツナ缶産業も栄えてきた。

→ 訪れたのは、全国的にその名が知られる創業50年超の鮨店「末廣鮨」。看板ネタのミナミマグロは、清水港に水揚げされる数千本の中から、最高の数本を一本買いしている。

➡ 出迎えてくれたのは、末廣鮨の大将・望月榮次さん。特別にカウンターに立たせてもらい、鮨の握りを体験。

Dish 27

シーチキンときゅうりの酢みそ和え、あじの酢じめ添え

作り方 [所要時間／約60分]

1 … あじを三枚おろしにする。うろこを取り、頭を切り落とす。腹に頭のほうから肛門まで切り込みを入れる。わたを取り出し、流水でよく洗う。ペーパータオルで水けをしっかり拭き取る。背びれの部分から、中骨のすぐ上に包丁を入れて身を切り離す。裏に返して同様に身を切り離す。

2 … バットに 1 の身を並べ、粗塩を全体にふる。そのまま 18 分ほどおく。

3 … ボウルに酢みその材料を入れてよく混ぜる。きゅうりは縦半分に切り、たねを切り取って薄い短冊切りにする。青じそはせん切りにする。

4 … 別のボウルにきゅうり、青じそを入れ、シーチキンを加える。酢みそを少しずつ加えて混ぜ、好みの味にととのえる。

5 … 2 のあじを流水で洗う。大きめのボウルに酢を入れ、あじをさっとくぐらせる。腹骨を抜き（難しければそいで切り取る）、皮は頭から尾に向かって引くようにしてはがす。皮側に縦に 2 本切り目を入れ、4 等分に切る。

6 … 器に 4 を盛る。横にレモンを敷き、5 をのせる。

材料 [作りやすい分量]

あじ … 1尾
きゅうり … 1本
青じその葉 … 2枚
レモンの輪切り … 4枚
粗塩 … 適量
酢 … 300ml

酢みそ

白みそ … 大さじ5と1/2
酢 … 大さじ5
砂糖 … 大さじ3

シーチキン Smile 水煮 L フレーク（60g）… 1袋

手軽に使えるパウチタイプのシーチキン。きはだまぐろを使用した水煮タイプ。さっぱりとしたメニューによく合う。

作り方のポイント
あじのうろこは尾から頭にむかって包丁でこすること。皮をはぐのでぜいごは取らなくてもいい。

Japan.
Tuna & cucumber dressed with vinegared miso, with vinegared scad

Dish 28

はごろも舞のお吸い物、えびのしんじょ入り

作り方 [所要時間｜約40分]

1 … 一番だしをとる。昆布はぬれぶきんでさっと拭く。鍋に水1ℓを入れ、昆布を加えて弱火にかけ、沸騰直前に昆布を取り出す。中火にかけ、沸騰したら火を止めて、はごろも舞30gを加える。そのままおき、はごろも舞が鍋底にしずむまで待つ。ボウルを用意し、万能こし器にペーパータオルを敷き、だし汁を注ぎ入れてこす。

2 … 二番だしをとる。鍋に一番だしで使った昆布とはごろも舞を入れ、水500mlを入れて中火にかける。沸騰したら弱火にし、5分間煮出す。さらにはごろも舞10gを加え、さらに2分間煮出す。別のボウルを用意し、万能こし器にペーパータオルを敷き、だし汁を注ぎ入れてこす。

3 … えびしんじょを作る。むきえびは背わたがあれば竹串で取り除く、1cm幅に切る。

4 … すり鉢に白身魚のすり身を入れ、酒、しょうゆ、卵白を順に加えながらすり混ぜる。全体に混ざったら、2の二番だし大さじ2を少しずつ入れてすり混ぜる。つのが立つくらいになったら山芋を加えてさらにすり混ぜる。むきえびと桜えびを入れて混ぜる。

5 … 鍋に2の残りの二番だしを入れ、強火にかける。煮立ったら弱めの中火にし、4のたねをスプーンですくってまとめて加える。途中返しながら、アクを取る。ふくらんで浮いてきたら火を止める。

6 … 別の鍋に1の一番だしを入れ、中火にかける。酒、しょうゆ、塩を加えて混ぜる。

7 … お椀に5のしんじょ、じゅんさいを入れ、6の汁を注ぎ入れる。ゆずの皮の薄切りを添える。

材料 [作りやすい分量]

昆布 … 40cm
酒、薄口しょうゆ … 各大さじ1
塩 … 少々
じゅんさい … 好みの量
ゆずの皮 … 適量

えびしんじょ
市販の白身魚のすり身 … 300g
むきえび … 1尾
桜えび（生）… 40g
山芋のすりおろし … 30g
卵白 … 1/2個分
酒、しょうゆ … 各大さじ1

はごろも舞 花かつお（80g）… 1/2袋

深みのある味と香りの国内産かつお節。
商品名は清水の「天女の羽衣伝説」に由来。

作り方のポイント
えびしんじょは、すり鉢での工程をフードプロセッサーにかけてもいい。

Japan,
Clear soup with
Shrimp balls

Dialogue
望月榮次＋宮﨑あおい
料理と人生と

大将

**一番大事なのは
「気持ち」なんです。
どんな仕事も一緒。**

大将｜鮨を握ったのははじめてですか？

宮﨑｜はい。いつか握ってみたいと思っていたので、大将に「挑戦してみる？」と言っていただいて嬉しかったです。

大将｜鮨は握れば握るほど美味しくなくなる。シャリを手に取った瞬間に握るというイメージだと美味しくなりますよ。

宮﨑｜ものすごく難しかったです。カウンターに立つのもとても緊張しました。

大将｜カウンターは舞台ですからね。お客さんにどうやったら喜んでもらえるかを常に考えて握っている。どんなに美味しくても、楽しくなさそうに握っていたら「なんだよ！」って思うでしょう？ 一番大事なのはやっぱり「気持ち」なんです。どの仕事も一緒ですよね。

宮﨑｜まぐろ握りは末廣鮨さんの看板メニューだとお聞きしました。

大将｜そうです。創業したときから、生のまぐろはあえて使わず、冷凍まぐろを使っているんです。生のほうが美味しいと言う人もいるけど、それは間違い。冷凍技術と解凍技術がしっかりしていればすごく美味しい。冷凍ならまぐろのいろんな部位を買うことができて、品切れになることもないですからね。

宮﨑｜今日教えていただいた二品のお料理も勉強になりました。「はごろも舞」で一からだしをとる方法を教えていただいたら、すごく美味しくて。香りも本当によかったです。「シーチキン」も、きゅうりと酢みそで和えてあじと合わせると、こんなに美味しくなるんだと驚きました。

大将｜今（五月）の旬はあじと桜えびなので、このふたつをアレンジした料理にしました。世の中の変化で新しい商品が出てくるたびにアレンジするから、私たちも勉強になるんですよ。頭の中に料理の基本

があれば、どうでもアレンジできるんです。

宮﨑｜やっぱり基本が大切なんですね。他に料理上手になるコツはありますか？

大将｜素材がよくなければどんな料理も美味しくならないので、素材が一番大事。包丁は数をこなすしかない。あとは自分の家の味をいかに作るかが大事ですね。

宮﨑｜今日は、お料理はもちろんですが、人生を教わったというような不思議な感覚がありました。魚を

おろすときに失敗しちゃったかな？ と思っても、「それを他の料理でアレンジすればいい」という発想の転換をお聞きしましたが、それはお料理だけではなく、毎日の生活にもあてはまる考え方だと思います。「お鮨屋さんだからこうじゃなきゃいけない」とか、「守ってきた伝統があるからこうするべきだ」というところも守りながら、新しいものを取り入れていく柔軟な感じが素敵だなと思いました。

大将｜私たちが目指そうとしていることを全部言って

132　世界をいただきます［アジア・北中南米編］

宮﨑

**お料理はもちろん、
人生を教わったような
感覚でした。**

くれました(笑)。仕事というのはひとりではできないんですよ。周りがあって、みんなが応援してくれて、はじめて仕事ができる。それに、常に挑戦しながら進もうと思っています。移動するときはエレベーターに乗るけれど、人生は一段ずつ階段をのぼるつもりでいるんです。エレベーターでいきなり高いところに行っても、過程を全然覚えられない。自分の足で歩かないと本当のことは理解できないですからね。

宮﨑｜その言葉、大切にします。

Info

大将｜望月榮次さん
お店｜末廣鮨
住所｜静岡県静岡市清水区江尻東2-5-28
TEL｜054-366-6083
営業時間｜11:30-22:00　水休

看板ネタのまぐろの中でも、身を筋に沿ってはがして握る「ハガシ」は、この店発祥の人気の一品。

Afterword おわりに

宮﨑あおい

私は家で作って食べる料理が大好きです。レストランで食べるご飯も美味しいけれど、やっぱり家のご飯が一番。なんだかホッとします。

毎日のように料理を作って、家族と一緒に食べる。同じ料理を食べて、同じ味を共有していくことで、家族の絆もどんどん強く深くなっていくのだと感じています。子どもの頃に母が作ってくれた「パイナップルをのせたハンバーグ」や「のりとえびと大葉とチーズと梅肉の揚げ春巻き」は今でも大好きで、自分でもよく作ります。こうして母の料理、そして私が作る料理は、家庭の味として受け継がれていくのだと思います。

料理をするときのこだわりは、食べたいものを、食べたいときに、食べたいだけ食べること。最近は調味料を手作りすることにハマっています。お友達が家に来るとき、「何を作ろうかな？」と考えながら料理本のページをめくっている時間が幸せでたまりません。旬の食材を使えば料理はより美味しくなるので、季節が変わっていくことが楽しくなりました。料理をすること、食べることが好きになって、人生が豊かになりました。好きになれて本当によかったなあと思います。

私自身、2冊の「世界をいただきます」を読み返しながら、改めていろんな料理を作りたいと思っています。「料理って楽しそうだな」とか「ちょっと作ってみようかな」とか、少しでもそんな気持ちになっていただけたら嬉しいです。

● 本書は、雑誌『SWITCH』連載の「宮﨑あおい 世界をいただきます」
（2013 年 12 月号〜2018 年 4 月号）を再構成したものです。

宮﨑あおい
世界をいただきます

［アジア・北中南米編］

2019 年 7 月 19 日　第 1 刷発行

写真｜加藤新作
スタイリング（エプロン）｜藤井牧子
ヘアメイク｜高橋彩、神宮司芳子（p.038-041）
テキスト｜上田智子
テキスト（レシピ）｜晴山香織
デザイン｜纐纈友洋
協力｜小山理子、鶴谷亜希（ヒラタインターナショナル）

発行者｜新井敏記
発行所｜株式会社スイッチ・パブリッシング
〒 106-0031 東京都港区西麻布 2-21-28
電話 03-5485-2100（代表）
www.switch-pub.co.jp

印刷・製本｜株式会社シナノ パブリッシング プレス

落丁・乱丁本はお取り替えいたします。
本書の無断複製・複写・転載を禁じます。
本書へのご感想は、info@switch-pub.co.jp にお寄せください。

ISBN978-4-88418-468-1 C0077
Printed in Japan
©Miyazaki Aoi, 2019　©Switch Publishing Inc., 2019